U0165866

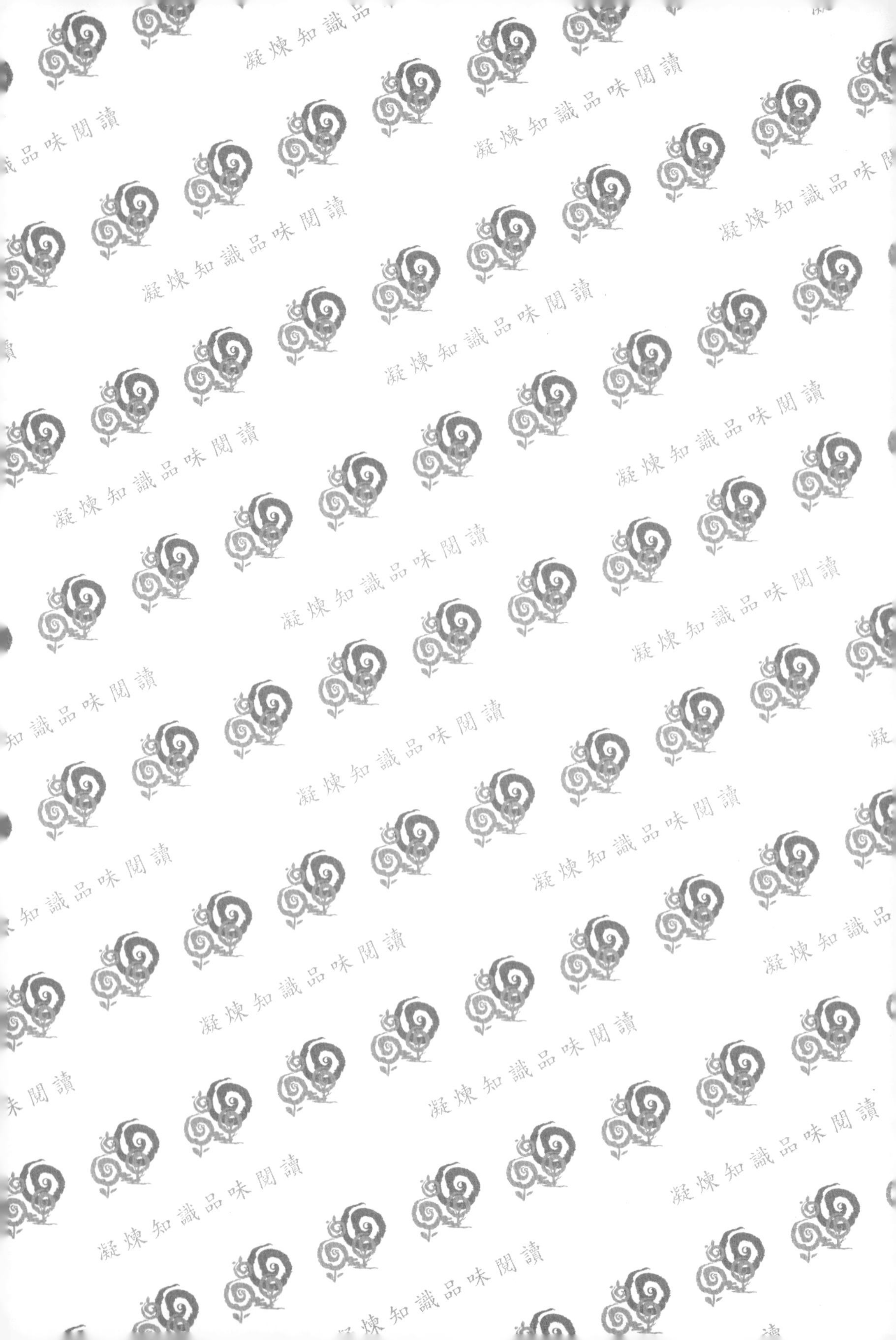

凝煉知識品味閱讀

西班牙文化

王鶴巘◎著

ESPAÑOL

五南圖書出版公司 印行

推薦序

西班牙位於歐洲西南部的伊比利半島，東北倚著庇里牛斯山與法國爲鄰，南邊隔著直布羅陀海峽與非洲相望，戰略位置極爲重要，自古以來歐洲大陸各民族先後有希臘人、腓尼基人、迦太基人、羅馬人、西哥德人和摩爾人到此駐足，這些先民及其後裔有的是半島上的過客，有的曾經或者現在成爲這片土地上的統治者，不過今日的西班牙人仍以正統歐洲羅馬人自居，宗教信仰上多爲天主教，並以身爲歐洲人感到驕傲。

作者從歷史演進的角度簡要地敘說從古至今在伊比利半島上文明的發展歷程。眾所周知，認識一個國家民族，其語言文字、地理位置、歷史、風俗習慣是最能提供探索了解的媒介。現今傳播資訊的發達，網際網路的無遠弗屆，社群媒體的行銷與流通，提起西班牙這個遠在歐洲西南端的國家，大部分人應不陌生，並且對其較具代表性的風俗文化如佛朗明哥舞蹈、鬥牛、吉他、美食等等，也必定略有所聞。或許，人們腦海裡或多或少存有一些想像，多數的旅遊雜誌也把西班牙描寫成一個充滿浪漫、熱情、陽光的國度。當然文化的介紹不是三言兩語就可以面面俱到。作者憑藉著這些年在南臺科技大學通識教育中心教授西班牙文化課的經驗與資料搜集，慢慢地建構了本書「西班牙文化」的雛形。書的內容首先從地理介紹開始，好比唐吉歌德在伊比利半島冒險一樣，逐步探索每一處的地貌景物，人文風情。

尤其是在第四單元「鬥牛」的部分，作者詳細介紹了鬥牛起源、規則，每一個動作的名稱，並且進一步了解，爲什麼西班牙人長久以來將其視爲重要的文化資產？甚而自豪有著鬥牛士的精神。

在網路資訊發達的時代，要蒐尋相關介紹內容來了解和認識西班牙絕非難事，但能有一本精心設計的書，透過作者的教學心得分享與精心編排、論述的展現內容，深信必能提供讀者一個層次分明的閱讀指引。

南臺科技大學通識教育中心主任

序 文

西班牙位於歐洲大陸和北非之間橋樑的位置，中間只隔著 14 公里寬的直布羅陀海峽。歷史上先後有腓尼基人、迦太基人、日耳曼人、摩爾人佔領過今日的西班牙。1512 年伊莎貝爾（Isabel）女皇，費南多五世（Fernando V）統一整個伊比利半島。西元 1556 年到 1598 年是西班牙政治軍事的巔峰，殖民地遠及中南美洲，是當時世界上最強大的海上霸權國家，被稱爲日不落國。但是在西班牙無敵艦隊被打敗後，開始沒落。近代 1936 年到 1939 年爆發內戰，內戰後佛朗哥將軍統一全國，掌握政權，實行獨裁統治一直到 1975 年。繼任的璜・卡洛斯（Juan Carlos）國王堅持推行民主憲政，才有今日現代的民主西班牙。

馬德里位在麥西達高原（Meseta）上，海拔將近 700 多公尺，是歐洲地勢最高的城市，它位於伊比利半島的中央心臟地帶。整座城市有古老的建築物風格，也有現代的摩天大樓。普拉多美術館（Museo Nacional del Prado），蘇菲亞皇后藝術中心（Museo Nacional Centro de Arte Reina Sofía）以及蒂森・博內彌薩博物館（Museo Thyssen-Bornemisza）是市中心的藝術金三角。

如果你想認識西班牙，你可像唐吉歌德冒險那樣，周遊伊比利半島，你將會看到各個城市的節慶活動：疊羅漢、火節、佛朗明哥舞蹈、鬥牛、奔牛節、宗教遊行，還有從中世紀開始至今成千上萬的朝聖者都走在這一條通往聖地牙哥的朝聖之路（Camino de Santiago）上。一千多年前，這條路漫長艱辛，也正因爲如此，是上帝要人們走在這條路上，回想，反省，思考，蛻變。所以，很多走過朝聖之路的人，哪怕是其中一小段，也會感受到心靈的成長。伴隨一路美不勝收的自然景觀，多樣的文化、歷史建築物，堅固優美的橋樑，步行者深刻體會到造物主給的恩寵，應加以珍惜。

今日網路資訊蓬勃的發展，尤其是這十年進步速度之快，令人瞠目結舌，生活上已離不開的智慧型手機，已到第五代行動通訊技術，也就是 5G。知識的取得，甚至於原本在教室裡的學習轉眼間都可以在手掌大小的手機完成。無所不在的學習成爲 21 世紀人類生活最大的改變。雖說知識不再是完全依靠書籍，上網搜尋也似乎成爲了最快速便捷的方式。但是仍有一群愛書者，認爲網路上獲得的知識是碎片的，且少了融會貫通，內化的過程。基於此一想法，我們思忖如果手上能有一本簡明的西班牙文化書，幫助讀者建構一套完整清楚的知識架構，從歷史、地理、民俗節、文學、藝術、運動到音樂，相信讀者對西班牙文化會有概略的了解。畢竟伊比利半島上的西班牙是一個從上古時代就開始有的文明，而且曾經在 16 世紀黃金時期，國力達到巔峰，是人類歷史上曾經不可一世，被譽爲日不落國的海上霸權國家。她的成長與衰都是一面活生生的歷史鏡子，供我們觀察學習。

這一本西班牙文化，作者也同時錄製教學影片。讀者如果想要更深刻的了解，可以點閱以下網址：https://ocw.stust.edu.tw/tc/node/SpainishCulture，配合影片觀賞。影片中的照片，不論是作者個人的或是拜託親朋好友去西班牙旅行時幫忙拍攝，這些資料都非常的珍貴。也感謝他們慷慨贈送，授權讓我錄製線上課程。

最後要說明的是本書是希望提供對西班牙語言與文化有興趣的讀者一個資訊指引。當初在下決心寫這本書時，內心躊躇不已，過去二十年來從學生時代的語言文化學習，到如今作一位語言教學者，要編寫一本非語法教科書深感不容易，因此內容若有不足或需加強的地方，仍期望各位先進前輩予以指教，不勝感激。

王鶴巘

2020 於高雄

目　錄

第一單元　認識西班牙

一、西班牙地理位置

西班牙位於歐洲大陸西南邊的伊比利半島，東北邊有庇里牛斯山與法國相鄰，北邊有比斯開亞灣，南邊隔著直布羅陀海峽和北非的摩洛哥相望，東南邊臨地中海，西北邊則臨大西洋，與西邊的葡萄牙是伊比利半島上的兩個國家。在地形上控制著地中海出大西洋的咽喉，地處非洲通往歐洲要道，戰略地位重要不言而喻。西班牙的領土五十萬多平方公里，土地面積在歐洲僅次於法國，是歐洲第二大國。

此外，西班牙的領土還包括地中海之巴利亞里斯群島（Islas Baleares），北非西側大西洋上的加那利亞群島（Islas Canarias），以及非洲的塞戊達（Ceuta）、美利雅（Melilla）兩個城市。後兩個城市是西班牙與摩洛哥存有領土爭端的地區，但實際管轄權一直在西班牙政府手裡。馬德里位於伊比利半島的中央，海拔 668 公尺，西元 1560 年，國王菲利浦二世（Felipe II）遷都至此，至今定爲國都已有七百多年，人口有四百多萬。巴塞隆納位在西班牙東北部的加泰隆尼亞自治區（Cataluña），是一重要港口城市，1992 年曾舉辦過奧林匹克運動會。其他大都市還有瓦倫西亞（Valencia），這兒有大家耳熟能詳的美食海鮮飯；塞維亞（Sevilla）是第四大都市，安達魯西亞自治區的首府，瓜達爾幾維爾河（El río Guadalquivir）流穿本市，是省內最長的河流，也是西班牙境內唯一可以通航的大河，當年哥倫布發現新大陸就是由此出航。

二、西班牙國旗

西班牙國旗的制定是依據 1981 年 10 月 28 日憲法第三十九條[1]

[1] 請參閱https://es.wikipedia.org/wiki/Bandera_de_Espa%C3%B1a#cite_note-6

有關「西班牙國旗與其他旗幟和標記的使用，其中附加條款二之二項說明：在黃色長方形橫條上按規定可以標示出西班牙國徽。」

西班牙的國旗有以下特徵：[2]

1. 國旗的旗面正常的長寬比爲 3：2。
2. 旗面由三個橫向的長方形組成，由上而下是紅色、黃色與紅色。比例上，上下紅色的高度加起來是中間黃色的高度。
3. 國徽的高度佔旗面高度的五分之二，位在中間黃色偏左的位置。國旗的正反兩面皆可看到國徽。

三、西班牙國徽

國旗上的國徽制定則是依據 1981 年 10 月 5 日憲法第三十三條，以及 1981 年 12 月 18 日皇家法令第二九六四條確定國徽在國旗上的位置。

西班牙的國徽基本上由中間的盾牌、頂上的皇冠和兩旁的銀柱組成。每一部份所代表的意義我們說明如下：

1. 國徽中間的盾牌或盾徽由六個紋章組成，左上角是一面紅色的紋章襯托著金色的城堡，代表卡斯提亞王國（Castilla）。
2. 右上角是一面銀色的紋章，上面是一隻頭戴金黃冠，吐舌張爪，用後腳站立的紫紅色獅子，代表雷翁王國（León）。
3. 左下角是一面金色的紋章上面襯托著四根直立的紅色條紋，代表阿拉貢王國（Aragón）。
4. 左下角是一面紅色的紋章上面擺著十字、X 形、緣飾的金鎖鍊，中間鑲著翡翠綠寶石，代表納瓦拉王國（Navarra）。
5. 盾徽正下方是一面銀色的紋章襯托著一個兩片綠葉的紅石

[2] 請參閱https://es.wikipedia.org/wiki/Bandera_de_Espa%C3%B1a#cite_note-6

榴，代表格蘭納達王國（Granada）。

6. 盾徽的兩旁有兩根海克力斯銀柱（Columnas de Hércules）矗立在銀藍色的波浪上，銀柱的底座與柱頭是金色的，左邊銀柱上面的是阿斯圖里亞斯的皇冠，右邊則是帝國的王冠，纏繞在兩根銀柱上面的紅色飾帶鑲著金色的字，左邊寫著 Plus，右邊則是 Ultra。Plus Ultra[3] 是拉丁文，西班牙文的意思是 más allá 更遠處，兩個字合起來的原意是「海外還有大陸」。
7. 盾徽中心有另一個紅色紋章環抱的橢圓形藍色的盾徽，上面有三朵百合花，象徵波旁王朝的統治。
8. 盾徽上面有一頂大皇冠，金色的環形，上面鑲嵌著寶石，由八朵莨菪花組成，可見的五朵葉片間鑲有珍珠，從葉尖上形成的王冠圈，圈上也都鑲有珍珠，全都匯集在深藍的地球，最後在赤道和北半球的子午線上立上金色的十字架。

四、西班牙語、卡斯提亞語

西班牙語是目前世界上使用人口第四多的語言，大約有四億多人口在說西班牙語，僅次於印度語、中文跟英語。有數據顯示[4]，全球 10% 說西班牙語的人口在美國，墨西哥則是說西班牙語人數最多的國家，將近一億五百萬人。另外，巴西 30% 的行政人官員能說流利的西班牙語，菲律賓也有一百萬人口會說西班牙語，在歐洲則有三百多萬

[3] 希臘神話故事裡，海克力斯用本身特異能力將阿特拉斯山（Cordillera del Atlas）切開，形成了直布羅陀海峽，也因此打開了地中海通往大西洋的航道。後來他將兩根石柱分插在西班牙和北非摩洛哥，一說是保護過往船隻，另一說是防止海怪從大西洋進入地中海。石柱上刻有Non Plus Ultra意思是別再過去了，暗示這兒就是世界盡頭。西班牙發現美洲新大陸後將Non字拿掉，意味著海外還有殖民地、領土。這兩個字也就出現在國徽的海克力斯銀柱上。

[4] 請參閱Pasaporte (2007), de Matilde Cerrolaza Aragón, et al., Madrid, Edelsa Grupo Didascalia, S. A., p.27。

人正在學習西班牙語，而西班牙國內就有超過1,700個爲外國人開設的西語課程。因此，西班牙語可以說是世界上最有潛力的語言之一。

西班牙語在西文裡可用兩個字來書寫，一是Español，一是Castellano。在歐洲很多說西班牙語的人把這個語言稱爲Español，不過，在中南美洲各國人民則習慣稱他們的語言爲卡斯提亞語（Castellano）。儘管這兩個字意思一樣，拉丁美洲國家的人喜歡用Castellano這個詞，因爲Español與西班牙的國家名稱España拼寫相似，且發音聽起來像是代表同一個民族，而不是一種語言。其實，有些語言也有多種稱呼，像是中文一詞就有國語、漢語、滿洲話、北平話、普通話、華語等稱法；台語亦有台灣話、閩南語、台灣福建話等叫法。不過，稱呼的方式不同多少也有用意的不同。

西班牙語作爲官方語言的國家在歐洲就是西班牙本國，美洲計有19個國家：墨西哥（México）、尼加拉瓜（Nicaragua）、巴拿馬（Panamá）、哥斯大黎加（Costa Rica）、薩爾瓦多（El Salvador）、瓜地馬拉（Guatemala）、宏都拉斯（Honduras）、古巴（Cuba）、波多黎各（Puerto Rico）、多明尼加共和國（República Dominicana）、委內瑞拉（Venezuela）、玻利維亞（Bolivia）、智利（Chile）、哥倫比亞（Colombia）、厄瓜多爾（Ecuador）、巴拉圭（Paraguay）、祕魯（Perú）、烏拉圭（Uruguay）和阿根廷（Argentina）。非洲有兩個國家：赤道幾內亞（Guinea Ecuatorial）和西撒哈拉（Sáhara Occidental）。

西班牙語在西班牙本土也會受到方言的影響產生發音上的改變。西班牙的方言有加泰隆尼亞語（Catalán），巴斯克語（vasco），加利西亞語（gallego），馬尤爾加語（mallorquín）。雖說語言並沒有所謂的絕對標準語，不過，一般來說，西班牙人他們自己也認爲在北部卡斯提亞與雷翁（Castilla y León）地區的發音是標準的西班牙語發音，其中又以薩拉曼卡（Salamanca）城市爲代表。西班牙語能凌駕伊比利半島（Península Ibérica）上其他方言，儼然成爲今日的官方語言是有其歷史淵源的。西元 1469 年卡斯提亞的伊莎貝爾和阿拉貢的費南多聯姻，兩大王國合而爲一，歷史上稱他們爲天主教君主（Los Reyes Católicos）。西元 1492 年是西班牙歷史上重要的一年，首先，伊莎貝爾女皇趕走摩爾人，統一了整個伊比利半島，隨即實施政教合一，設立宗教法庭，驅逐異教徒與猶太人，同時資助義大利航海家哥倫布（Cristóbal Colón）發現美洲新大陸，開啓了西班牙殖民美洲的序幕與海上霸權的時代。這一切成就都是以位居伊比利半島中北部的卡斯提亞（Castilla）馬首是瞻，影響所及，殖民地拉丁美洲的老百姓習慣上稱他們說的西班牙語爲卡斯提亞語（Castellano）。從歷史語言學來看，還有一種古西班牙語的存在。西元1492 年居住在伊比利半島的猶太人被驅逐後，幾百年來他們仍保存了當時的西班牙語，後世稱爲 español sefardí。今日的語言學家若想研究純正的古西班牙語 sefardí，還得去尋找這些被迫離開半島，流浪到北歐、中東等地的猶太人後裔。

拉丁美洲的卡斯提亞語（Castellano），在發音跟語法上是承襲 16 與 17 世紀安達魯西亞省（Andalucía）與加納利亞省（Islas Canarias）的西班牙語。這是因爲當時哥倫布出航時帶的水手、士兵與日後的殖民者主要來自這些地區。因此，今日拉丁美洲的卡斯提亞語其基本的語音特徵雖說源自於西班牙中北部的卡斯提亞省，不過實際上是南部安達魯西亞的卡斯提亞語方言在拉丁美洲確立下來。既是稱爲方言，自然會有發音與語法上的變化，加上中南美洲各地印第安語、原住民語詞彙的融入，長時間下來，語音上亦會受到影響而出現轉變，讀者如有機會到中南美洲旅行，相信會發現卡斯提亞語的發音在各個中南美國家或多或少有差異，如同普通話在中國大陸各地一樣。儘管說話時口音或遣詞用字不同，基本上彼此是聽得懂，溝通無虞的。

五、西班牙人與其生活方式

有關地理、歷史、文化節慶、美食、文學等會在隨後的單元一一介紹，我們先說說作者在西班牙看到的一些生活經驗。首先是西班牙人的作息，這點與我們是相當不一樣的，一般人上班工作始於九點或更早八點半，我們習慣上將兩點認定為下午時間，卻是西班牙人中午吃飯與休息時間的開始。午餐是西班牙人一天中最重視的一餐，因此，用餐時間也就比較長，晚飯自然就往後推遲到九點多才吃。由於午餐、晚餐吃得晚，西班牙人習慣在早上十一點鐘短暫休息一下，或去喝杯咖啡，或吃個點心麵包。同樣地，晚餐之前大約七點鐘左右，他們會到酒吧喝點酒、果汁或吃些冷盤之類的簡單點心。不過這樣的作息也不是不變的，如果你中午一點鐘碰到西班牙人跟你說午安（Buenas tardes），就表示他用過中餐了。同樣地，到了下午四點鐘他還跟你說早安（Buenos días），顯然地，他還沒吃午飯。下面我們舉出西班牙人的作息時間：

早餐 AM 6:30～8:00	上班時間 AM 9:00～PM 2:00
午餐 PM 2:00	午休時間 PM 2:00～5:00
晚餐 PM 9:00～10:30	上班時間 PM 5:00～8:00

1940 年佛朗哥將軍（Franco）因戰略考量，將西班牙時區往前調了一個小時。80 年來西班牙生活在錯誤時區下，導致睡眠不足，工作效率下降。2006 年起一些團體、機構開始為西班牙回歸正確的時區而奮鬥[5]。

[5] 請參閱《西班牙人用餐時間晚的原因》Jessica Jones 2017年6月8日 https://www.bbc.com/ukchina/trad/vert-tra-40204584

西班牙人給人的印象如許多旅遊札記所言：熱情活潑、喜歡喝咖啡、看鬥牛、彈吉他、跳佛朗明哥舞蹈、對足球的喜好近乎瘋狂。不過，在這塊前後歷經羅馬人、摩爾人統治，生活文化豐富多樣的土地上，西班牙人也表現出不同於其他歐洲民族性格的一面。他們喜好交際，熱愛生活，說起話來滔滔不絕，個個像是個演說家。不過從語音學的角度來看，西班牙語的單字是多音節，這與單音節的漢字很不一樣，比如說，早上見面問早道安，他們說：Buenos días，意思是早安，聽起來多了些音節，好像覺得每個人很會說話。普遍來說，他們爲享受生活所花費的精力不在工作之下。幾乎每個人一年中有一個月的假期，工作時，常常可以聽到他們已在計劃假期要去哪裡玩，似乎談論這樣問題，可以讓他們更能打起精神來工作。刻板印象中，西班牙人常說的「Vuelva usted mañana 您明天再來」，出自文人墨客的敘述，姑且不論其眞實性，卻是常聽到的一句話。比如說，你去買東西，恰巧碰到店家準備下班了，「Vuelva usted mañana 您明天再來」這句話他也許會脫口而出，因爲有可能他趕著去看足球賽，或是他認爲休息時間到了，不差多賺你這一位客人的錢。又如果你是學生去警察局辦理學生簽證延簽，排隊排了一個上午，結果聽到職員跟你說這句話「Vuelva usted mañana 您明天再來」，因爲號碼牌沒了，你大概會很生氣無助。這也難怪拿破崙風雲叱吒歐洲的時候，對西班牙人的生活方式與態度十分不以爲然，甚至憤而說出「歐洲只到庇里牛斯山」，言下之意，西班牙是屬于非洲的。

西班牙的大學是五年制，九月開學，課程一直延續到隔年六月，與台灣一學年分上下學期制不大一樣。不過，西班牙大學生的假期不算少，十二月底有聖誕節，假期約三個禮拜，二月份是學校的期中考，到了三月底，有將近十多天假期的聖人週（Semana Santa），六月中下旬開始學校的期末考，之後放大概兩個月的暑假。西班牙夏天白晝很長，西班牙文中的「madrugada」意指午夜至黎明這段時間，此時，城市街道通常依然熱鬧。一般他們的週末從禮拜五晚上算起，學生可能晚上吃過飯後就互相邀約去舞廳跳舞、吃喝狂歡，直到隔天早上天亮時才回家。

西班牙有一種叫做 Colegio Mayor 的學生宿舍，門禁是早上兩點鐘。如果你不在這個時間回來，舍監將會把你的名字記下來，到了月底宿舍行政單位會寄一封信給你的父母，讓他們知道這個月你有多少天夜宿在外面滯留不歸。西班牙各城市都有 Colegio Mayor 這樣的學生宿舍，基本上這類宿舍會提供三餐伙食，單人或雙人房，每日打掃房間，宿舍面積大的還有足球場、網球場、籃球場、游泳池、電視廳、咖啡廳、禮拜堂、洗衣廠等。

在大都市常常可以看到人們在傍晚出門散步（paseo），坐在馬路邊的露天咖啡廳喝咖啡、吃東西、聊天，即使是年近七、八十歲的老人，或是年輕夫婦推著娃娃車，抱著小孩出來逛街，都是很稀鬆平常的事。西班牙人的時間觀念很有彈性，與朋友相約等個二十分鐘、半小時算是可以接受的。在西班牙只有高鐵和鬥牛是準時不等人的的，且不論你是皇親貴族、市井小民，下午五點鐘號角一響，鬥牛表演一定開始。「吃」始終是這些社交活動的共通之處，往往一大群人相約到酒館品嚐小菜。TAPAS 指的就是這些品嚐小菜的酒館。筆者記得有一次週末中午，西班牙朋友邀約吃飯，我們三、五人從十二點鐘開始一間一間的 TAPAS 進去品嚐，到了一點鐘，我以爲已經吃飽了，朋友卻跟我說，我們現在找一家餐廳坐下來吃中餐吧。所以，西班牙的酒吧、TAPAS 和餐廳數與人口的比例較任何國家來得高，也就不足爲奇了。這樣的悠閒生活，或者更確切地說，西班牙人的生活態度令人眼睛爲之一亮。曾經有西班牙朋友跟我說，他們很喜歡喝咖啡，因爲咖啡可以提神，讓他們醒著，換句話說，他們很高興活著，這樣才可以享受人生。

西班牙種族和文化基本上是統一的，天主教是主要的宗教。吉普賽人是唯一的少數民族。西班牙語是官方語言。各地區人民性格不盡相同。東北部之加泰隆尼亞人善於經商，聰明精於創造，重工業、汽車、潛艇製造在這一區。西北部之巴斯克人身材魁梧，在這兒可見到比力氣、砍木塊比賽。巴斯克人有自己語言與文明，巴斯克美食遠近馳名；麥西達（Meseta）高原地區之卡斯提亞人一直以來自認爲是伊比利半島上的主宰者，風車、城堡、護城河美景盡收眼底。卡斯提亞人說的是公認的標準西班牙語。南部安達魯西亞人活潑，有審美觀念，歷史上受到回教文化影響，清真寺的歷史遺蹟，美不勝收，令觀光客流連忘返。

六、西班牙旅遊、交通

台灣與西班牙目前並無直飛的國際航線，若要去西班牙旅遊、洽公或留學，都必需經過歐洲其他城市，像是搭長榮、華航先飛法蘭克福、阿姆斯特丹、維也納、倫敦或羅馬，再轉機到馬德里或巴塞隆納等城市。

西班牙與台灣 3 月份到 10 月份有 7 個小時的時差，10 月份到隔年的 3 月則有 6 小時的時差。每年 3 月和 10 月最後一個星期的禮拜六實施日光節約時間的調整，因此，若正好這兩個晚上的午夜 12 點有搭乘交通工具或約會，需注意作息時間的改變，以免錯過搭乘時間。

日常生活方面，西班牙全國的水質大致都很優良，除了靠海的城市像是巴塞隆納、瓦倫西亞的水質較差，建議飲用瓶裝礦泉水以外，都可以直接打開水龍頭生飲。若去咖啡廳或餐廳用餐時也可以要求服務生裝一壺水，是免費的。一般說來，服務費已包括在帳單之中，2010 年 7 月 1 日起加値稅（P.V.P.）從 16% 提高爲 18%，是否給小費因人而異，但適度的小費自然是受歡迎的。其他需注意的事項諸如：西班牙的電壓爲 220V（伏特）；插頭爲歐洲雙圓柱型插頭。

撥打國內公共電話一開始接通至少需 0.17-0.60 歐元。國際電話則建議使用電話預付卡（每張 5-30 歐元）比較經濟，各雜貨店、書報攤都買得到。自台灣撥打電話至西班牙方式如下：002 + 34（西班牙國碼）+ 城市碼（例如馬德里 91、巴塞隆納 93）+ 電話號碼。自西班牙撥打電話至台灣：00 + 886 + 城市碼（例如台北 2、高雄 7）+ 電話號碼。

馬德里和巴塞隆納市區內可搭公車、地鐵、火車及電車等大眾運輸工具，十分方便，在地鐵站及街上雜貨店（Tabacos）均有售車票。西班牙的地鐵可說是全世界最便宜的，怎麼說呢？若你買一張十格的車票（地鐵、市公車都通用），每進出一次地鐵站會扣減一格費用，但是它不會限制你搭多遠或留在地鐵站裡多久，簡單地說是計次的。因此，偶爾你也會看到街頭賣藝的在站內月台、電扶梯轉角，或一個車廂過一個車廂的表演討錢，成爲繁忙都市裡的一種景象。不過在馬德里和巴塞隆納乘坐公車及地鐵等都要小心扒手，盡量不要落單，走空巷，或包包側背、拿著相機、地圖等等引人側目，遇人搭訕小心應對，慎防搶劫。

馬德里計程車爲白色，在前車門上漆有紅色斜線。馬德里及巴塞隆納機場至市區計程車資均約 25～30 歐元。不過司機繞道或假借名義，像是聖誕節、新年等等超收車資時有所聞。建議上車時就向計程車司機表明要索取車資收據（Tique 或 Recibo）報帳，讓不法司機有所警惕，自身也較有安全保障。若去市中心的旅館有接駁小巴士（shuttle bus），特別是搭乘的航班半夜才到機場，這是最好、最安全的交通方式之一。

西班牙因其地理位置，地處歐洲西南方，自古以來就是連繫歐非的交通要道，加上陽光充足，擁有舒適的地中海氣候，自然吸引了無數來自歐洲和世界各地的觀光客。到 2010 年時西班牙的旅遊人口數量達到了 5 千 3 百萬，排名世界第四位，僅次於第一位的法國、第二位的美國和第三位的中國。許多人稱西班牙爲陽光的國度，大眾視它爲旅遊度假的天堂，除了夏季的絢麗，老百姓熱情好客的性格，主要還是被那規劃精緻的節慶活動所吸引，配合成熟的旅遊服務，四通發達的交通網路，這些都是讓它的觀光業始終屹立不搖的原因。

七、西班牙的經濟[6]

巴斯克（País Vasco），加泰隆尼亞（Cataluña），加里西亞（Galicia）從 16 世紀西班牙統一後，具有一定程度的自治與獨立。1982 年西班牙加入北大西洋公約組織（NATO）。西班牙的經濟有以下兩個重要時間點：1936 年和 1976 年民主化的進程與全球經濟危機。1986 年成爲歐盟（Unión Europea）正式會員國。1990 年初期，國內失業率達 22%。西班牙是歐盟（UE）第五大經濟體，歐元區第四大經濟體。西班牙經濟在歐盟屬中段，僅優於東歐的歐盟成員如匈牙利、波蘭、羅馬尼亞。1950 年，西班牙還是一個落後和閉關自守的農業國，農民多使用牛耕田，用風車戽斗灌溉。工業以採礦業和某些輕工業爲主，其他工業都很薄弱。從 20 世紀 60 年代起，西班牙實行全面對外開放，利用本國相對廉價的勞動力，大量引進外國資本和技術，發展旅遊事業，積極鼓勵勞動力出口，促使西班牙經濟快速發展起來。西班牙研究機構表示，到 2020 年西班牙企業空缺且找不到人才的職位可能會高達 200 萬個。原因很多，可歸納如下：(1) 失

---

[6] 請參閱http://leespeedu.blogspot.tw/2014/04/blog-post_45.html；
https://technews.tw/2016/07/04/the-truth-of-unemployment-rate-in-spain/
https://kknews.cc/zh-tw/travel/g2bmz9l.html
https://finance.technews.tw/2017/06/10/spain-economy/
https://www.boxun.com/news/gb/pubvp/2017/08/201708290037.shtml
http://fair-asset.com/%E8%A5%BF%E7%8F%AD%E7%89%99%E7%B6%93%E6%BF%9F%E5%9C%A82018%E5%B9%B4%E6%8C%81%E7%BA%8C%E8%A2%AB%E7%9C%8B%E5%A5%BD/

業者的專長非雇主所需，從軟體開發高科技到老年護理與照顧，都沒有足夠的人力。(2) 西班牙青年輟學率歐洲第一，高達 23.5%。(3) 西班牙人重視休閒的民族性導致工作都被外國人搶走。(4) 西班牙年輕族群的代名詞 Botellón，聚酒作樂的意思。意味著年輕世代危機意識不夠，歐盟統計，2018 年 5 月西班牙失業率爲 19.8%。全歐盟 28 個國家平均失業率爲 8.6%。西班牙的總理 Mariano Rajoy（2011-2018 Partido Popular 人民黨 PP）在其任內曾提到每一年會新增 100 萬個工作機會。

目前最大經濟問題：貧富不均。2007 年西班牙金融海嘯爆發前，三分之一的經濟靠房地產支撐，之後一蹶不振。2012 年歐債危機最嚴重時，西班牙的 GDP 是 -2.9%。不過，政府採撙節等諸多措施，挽救瀕臨破產危機。2014-2017 年 GDP 開始以 3% 的速度成長，接近歐元區一倍。2013 年失業率達 26.3%，原是歐豬五國（葡萄牙、義大利、愛爾蘭、希臘、西班牙）之一，2014 年 1 月 23 日西班牙成爲不需要再接受國際救助的第二個歐元國。2017 年失業率降至 18.4%，2018 年再降至 16.3%。根據國際貨幣基金組織的數據，預計 2019 年再下降至 15%。西班牙的整體經濟在未來持續被看好。

西班牙經濟能復甦的原因可歸功於失業率下降、出口提升、觀光旅遊發展蓬勃、推動勞動力市場、銀行業、財政重整深度改革。

西班牙是歐盟（UE）第五大經濟體，歐元區第四大經濟體。2013 年西班牙爲我國在全球第 36 大貿易夥伴，歐盟區爲第 7 大貿易夥伴，次於德國、荷蘭、英國、義大利、法國及比利時。

以下提供認識西班牙國家的一些主要數據：[7]

1. 人口 4,654 萬人（2017）

2. 面積 50 萬 4,782 平方公里

[7] 相關資訊請查閱「駐西班牙代表處經濟組」https://www.taiwanembassy.org/es/

3. 國內生產毛額 1 兆 1,636 億歐元 GDP（Gross Domestic Product）
4. 平均國民所得 2 萬 4,999 歐元（2017 年）
5. 經濟成長率 3.1%（2017）
6. 進口值 3,318 億 7,006 萬歐元（2017 年）
7. 出口值 2,771 億 2,573 萬歐元（2017 年）

高雄的輕軌是由西班牙「鐵路建設與協助公司」（Construcciones y Auxiliar de Ferrocarriles, S.A.，簡稱 CAF），成立於 1917 年，是一家生產鐵路設備的公司，總部位於西班牙巴斯克（País Vasco）的 Beaisái。高雄輕軌的第一階段即採用西班牙 CAF 公司 Urbos 3 輕軌電聯車 9 組。

八、西班牙美食

中式、西式料理最不同的地方就是中式料理的前置作業比較囉嗦複雜，舉例來說，中式料理在煮炒之前要先切菜，食材準備好，肉類切好，調味的醬汁很多，而且會用大火快炒或是長時間燜煮燉。西班牙料理就沒有那麼複雜，他們也沒有所謂的炒菜，而是食用生菜沙拉，客人自己揀選想要吃的生菜，裝到盤子上，然後調味，再自己切菜，淋上橄欖油、鹽等調味料、調味醬。如果是肉類，也是自己用刀叉，在自己的盤子上切了就吃。

(一) 多樣化的飲食：北、中、南

西班牙東北部的庇里牛斯山脈終年積雪，南部安達魯西亞炎熱，西北部的加里西亞（Galicia）潮濕多雨，中部的卡斯提亞（Castilla）則炎熱乾燥，多元的地形與氣候因素，加上歷史背景，造就出西班牙豐富的物產與食材。例如，西班牙人最早是接受羅馬飲食文

化，也吸收了北非、中東等地的烹飪精華，航海大發現時代以及後來阿拉伯人的入侵，引進了各地的食材，烹飪技術，令饕客垂涎三尺。

阿拉伯人引進杏仁、甘蔗、柑橘、各種水果、朝鮮薊、茄子、菠菜、稻米、番紅花，以及農耕技術。在烹飪上，引進了先將食材切碎再料理的烹飪方式，海鮮飯是代表佳餚之一。香料燉菜和燉肉，以核果製造醬汁和以水果製作各式口味糖漿，也是摩爾人的珍貴飲食文化遺產。

(二) 西班牙人用餐時間

用餐時間：早餐、點心時間、午餐、點心時間、晚餐。大部分西班牙人早餐簡單，或喝一杯咖啡，吃個牛角麵包或烤吐司淋上橄欖油、灑鹽，或是吃小油條（churros）；十一點左右爲點心時間，喝一杯咖啡，配三明治、煎蛋餅、橄欖，之後繼續工作到下午兩點才吃中餐。

(三) 開胃菜、飯前小吃（Tapas）

Tapas 我們翻成點心，開胃菜，一般是冷盤，多用麵包，上面放上餡料、火腿、海鮮、蔬菜。插上串籤，所以又稱爲 pinchos。在瓦倫西亞，稱爲 montaditos，意思是在一塊一小口的小麵包「擺（放）上去」各種美食而得名。Tapas 又稱爲 banderillas，指的是鬥牛用的彩帶裝飾的鏢槍，如串籤（pinchos）。冷盤多用麵包上面配上各種餡料，淋上橄欖油，加上洋蔥末、蛋黃層等等。熱食有油炸類，海鮮及肉類，如炸雞翅、炸墨魚等、炸牛角餅（Empanada）、炸丸子（Croquetas）。蔬食類的 Tapas 多以清蒸、拌醋，或加上奶油等。

Tapas 是西班牙人生活的一部份。店家的 Tapas 種類越多越好，如果可以看到店家天花板上掛上伊比利火腿和臘腸掛，可以想見其 Tapas 的水準。在許多安達魯西亞的小酒館裡，侍者會記得送上過哪些 Tapas，你絕不會重覆吃到！

(四) Tapas的起源

1. 國王飲食的節制：13 世紀統治塞維亞（Sevilla）、科羅多巴（Córdoba）和哈恩（Jaén）的阿爾豐索五世（Alfonso V）時期發展了最早的 Tapas。
2. Tapas 本意是蓋子，南部安達魯西亞（Andalucía）戶外用餐時，用小盤子蓋在酒杯上，防止蒼蠅蟲子。
3. 阿拉伯貝都因人用小盤子盛少量多樣食物的飲食習慣。
4. Tapas 取其意蓋子，有蓋掉、掩蓋的意思。16 世紀，在卡斯提亞・拉・曼查（Castilla La Mancha）地區，葡萄酒商人想藉由成熟濃烈的乳酪味道來「掩飾、蓋掉」所賣的廉價劣質的葡萄酒味道。

(五) 水果、乾果、罐頭包裝食物

李子（Ciruelas）、西瓜（Sandías）、洋蔥（Cebollas）、菜豆、四季豆（Judías garrofó）、大蒜（Ajos tiernos）、罐頭食品、蜜餞（Conservas）、杏仁茶（Horchatas）、蕃茄（Tomates）、朝鮮薊（Alcachofas）、橄欖、青果（Aceitunas）、稻米（Arroz）、小麵包店（Bollerías）、咖啡（Los cafés）、蜂蜜（La miel）、油（Los aceites）、鹹甜甜圈（Rosquilletas Saladitos）、果仁糖（Turrones）、杏仁（Almendras）、伊比利香腸、臘腸（Salchichas ibéricas）、燜松雞肉（Perdices estofadas）、炸豆莢（Habitas fritas）、鵝肝醬（Patés）。

(六) 開胃菜（Aperitivos）

炸薯條（Patatas fritas）、醋鯷魚（Boquerones en vinagre）、乾果（Frutos secos）、白葡萄酒（Vinos blancos）、紅葡萄酒（Vinos tintos）、卡瓦氣泡酒（Cava）、麝香葡萄（Moscatel）、蒜香

炸馬鈴薯（patatas alioli）、炸魷魚圈（calamares）。

(七)冷凍食品（Refrigerados）、乳製品（Lácteos）

乳酪（Quesos Tronchón）、乳酪（Servilletas de cabras, de ovejas）、燻腸（Chorizos）、香腸（Salchichones de Requena）。

(八)品酒

知名雪利酒（Sherry）以赫雷茲（Jerez）地區釀造的白葡萄酒爲代表，是西班牙國宴酒，豪莎士比亞將它比喻作「封藏於瓶中的西班牙陽光」。

赫雷茲（Jerez）位於安達魯西亞，接近大西洋，又有瓜達萊特河（Río Guadalete）在旁，水氣與陽光充足，天然石灰質土壤適合葡萄栽種，釀造出來的葡萄酒不含澀味。雪莉酒分爲：

1. Manzanilla 和 Fino：清淡無甜味，酒精濃度約 15.5 度，適合冰鎮後飲用，多用來配小菜飲用。
2. Amontillado 和 Oloroso 年份較久，酒精濃度約 18 度，適合搭配燻火腿。

雪莉酒的釀造：

1. 首先將其裝載於橡木桶中，曝曬於烈日下三個月，收起來冷凍貯存。以釀造過程分爲兩種：「開花」或「不開花」。
2.「開花」指在釀酒過程中，有些酒的表面會浮上一層白膜。這就是 Fino Sherry，味道不是很甜。
3.「不開花」是沒有白膜的，稱作 Oloroso，味道濃郁甜美。酒精濃度不是很高（一般葡萄酒爲 12%～15%）。

(九) 西班牙油條（Churros）

有些人把它叫做吉拿棒，傳說是葡萄牙人從中國引進歐洲的食物，就是我們現在的油條。西班牙油條不是像我們的長長一根，而是像熱氣球的一圈，或說套在脖子上的項鍊圈。吃西班牙油條前人們會在上面灑白糖，或拿起來沾上熱巧克力或咖啡來吃。

九、西班牙的禮節

西方有一句大家熟悉的諺語「在羅馬行如羅馬人」，所當你來到西班牙，一些生活禮節也是必須要注意的，以免不經意中冒犯別人，造成尷尬的場面。

首先我們談到穿的禮節。西班牙是一個天主教國家，每逢週末會到教堂去做禮拜、彌撒，因此他們認爲穿著是非常重要的，有如我們的俗語說的「人衣裝佛要金裝」。上教堂，男士穿著西裝，打領帶，女士則穿著整潔端莊，小孩子也是如此。一個小男孩從小上教堂的時候，父母就會幫他穿上西裝打領帶，戴著帽子，表示敬重。其他場合像是婚宴，聚餐，甚至去賭場，服裝也必須符合禮節，否則門口警衛可能不會讓你進入。你不會在西班牙看到西班牙人像我們南部路邊的黑松大飯店那樣服裝較隨意，甚至作者看過有些老一輩男性直接穿著短內衣參加喜宴，這些都是非常失禮的行爲。

見面的禮節，一般男士碰到女士互相親兩臉頰。不過要注意的是這一個動作必須是在女士同意下，通常是女士主動表達親臉頰，另一方不可以勉強。其他問候方式可以互相握手，非常熟悉的朋友或是親人可以加上擁抱。西班牙人肢體表達情感是熱情的，作者也看過父親送兒子到學校宿舍安頓好後，離別親抱他的兒子。

扇子也是西班牙生活文化的一部分，特別是南部地區因爲天氣炎熱許多婦女都會拿著扇子扇風。若是一個年輕女子拿著扇子，她打開扇子，遮住下半臉，表示喜歡你。如果她把扇子打開又收起來則表示思念你。

餐桌上的禮節。用餐時西班牙人會使用桌巾，首先會將它鋪在大腿上。若有小桌巾則會塞在上衣胸前。進入到餐廳坐下來，通常餐桌上的餐具已經擺好。用餐時，我們都是從最外側的餐具開始取用。即使是刀叉會因爲不同的食物，大小不一樣。還有，切牛排的刀子比較鋒利，而切水果或是生菜沙拉的則比較圓鈍。喝湯也有專門舀湯的湯匙，喝咖啡的小湯匙更是精巧可愛。初到西班牙進到他們的餐廳，你會驚訝地看到桌上的餐具眞的非常多，就連杯子也都有不同的用途。盛紅葡萄酒、白葡萄酒、香檳、開水、飲料都有不同造型的杯子。不過你也不用擔心，因爲服務生在你點菜之後，他會依你的要求端上你要喝的飲料，正確地倒在杯子裡。

用餐過程中還有一個禮節值得一提：藉由刀叉擺放在盤子上的位置可以讓服務生知道客人的想法。如果刀叉的頂端，兩者是以三角形的方式，頂端微微相碰，表示暫停上菜休息一下。如果刀叉十字交叉，刀子水平刀尖向左，叉子垂直擺放向上，表示請端上下一盤菜餚。如果刀叉一起水平並排放置，尖端朝右，表示客人很喜歡這一道菜。如果刀叉垂直並行放置，頂端朝上則表示他用完這一道菜了。最後如果刀叉的頂端，兩者是以三角形重疊交錯的方式，表示不喜歡這一道菜。

用餐的過程中，中西方的禮儀大致上是一樣的。例如，吃東西的時候不要發出聲音，不要邊咀嚼食物邊講話。西班牙人的主食是麵包，與中式餐飲不一樣的地方是他們喝湯用的是比較深的圓盤子，不像我們是用碗來盛湯。喝完湯之後，湯汁留在餐盤上，可以剁一塊麵包來沾這些湯汁，然後吃掉。有人會問到西班牙人吃菜嗎？基本上就是生菜沙拉。自行取用後，回到座位上自己用刀叉將盤子上的生菜切碎，再加上鹽，淋上橄欖油等調味醬，然後攪拌就可以食用了。他們有一種菜湯叫做 puré，濃湯的意思。是用果汁機將蔬菜打碎之後，再去煮的濃菜湯。

西班牙其他的習俗像是跨年吃葡萄，元旦那一天父母會非常寵愛小孩子，不希望他們吵鬧。而且每個人會手上拿著金幣表示好運有財。另外西班牙的國花是石榴花。切記不可以送給西班牙人菊花，因爲它代表死亡。另外，西班牙人很好面子，即使犯了錯，盡可能保留他的尊嚴，婉轉或是用旁敲側擊的方式去告訴他哪裡做錯了。一位西班牙作家寫到的忌妒之心也是西班牙民族的一個很大的缺點。是不是跟我們有些人很喜歡比較的心理很像？

十、西班牙的觀光、農業[8]

2010 年西班牙的觀光人口數量已達到了五千三百萬，僅次於法國、美國和中國。觀光業佔國內生產總值 89%，若以年收入總值來計算，是世界第二位，緊跟在美國之後。2015年西班牙首次登上「全球最具旅遊競爭力」國家的冠軍寶座，將她評爲最友善的觀光國家。

佛朗哥獨裁政權結束後，西班牙開始加速機械化、現代化的發

[8] ①西班牙；維基百科。取自https://zh.wikipedia.org/wiki/%E8%A5%BF%E7%8F%AD%E7%89%99
②西班牙經濟；維基百科。取自https://zh.wikipedia.org/wiki/%E8%A5%BF%E7%8F%AD%E7%89%99%E7%BB%8F%E6%B5%8E
③喜悅汽車；維基百科。取自https://zh.wikipedia.org/wiki/%E8%A5%BF%E4%BA%9A%E7%89%B9
④西亞特汽車公司；MBA智庫百科。取自https://wiki.mbalib.com/zh-tw/%E8%A5%BF%E4%BA%9A%E7%89%B9%E6%B1%BD%E8%BD%A6%E5%85%AC%E5%8F%B8
⑤西班牙時尚品牌；痞客邦。取自https://sono1215.pixnet.net/blog/post/250498997
⑥ZARA；取自http://nedesem.net/zara-nasil-okunur-sara/
⑦走進西班牙橄欖油的前世今生；今日頭條。取自https://kknews.cc/zhtw/news/qy2r6j8.html

展，農業勞動者比例從 70 年代的 27% 下降到 7%，產量反而是提高的。廣大的內陸高原，主要種植麥類、玉米、土豆和甜菜，她是世界上最大的橄欖油生產國之一，被譽爲「橄欖王國」。這得感謝阿拉伯人 8 世紀時將橄欖的種植和榨取技術帶給了西班牙人。影響所及，西班牙的烹飪美食無不以橄欖油爲食材，甚至於到了日後 16、17 世紀發現美洲新大陸，西班牙人又把油橄欖樹帶到了現今的秘魯、智利、阿根廷和墨西哥等地。除此之外，柑橘出口量居世界第一，葡萄酒生產和出口在世界上也享有盛名，占有一席之地。畜牧業以牛羊豬爲主，所產的美麗諾羊（Merino）是世界上最好的品種之一，毛細長有光澤。

十一、西班牙的品牌

西班牙的工業發達，是歐洲空中巴士的創始國之一，有能力製造潛艦，鋼年產量 1500 萬噸以上，有自己的汽車品牌 SEAT，其旗下車型 IBIZA 還贏得多次世界汽車拉力賽。其他在皮革製造業，鞋子、皮包、服裝等等都有打開市場，享譽世界的品牌。

(一) 西班牙汽車工業SEAT（Sociedad Española de Automóviles de Turismo）

1953 年，SEAT 與 FIAT 展開技術合作。1978 年完成生產西德 BENZ 柴油引擎。1979 年生產 FIAT 旗下品牌 Ritmo，以及 LANCIA 的 Beta Coup-HPE 車款。1980 年時，SEAT 的出口外銷數量遽減，原因是操控銷售的大權掌握在 FIAT 車廠，SEAT 要求 FIAT 違約賠償。一年後 SEAT 訴訟成功，至此與 FIAT 拆夥，分道揚鑣。最後，與德國 Volkswagen 建立新的合作關係。1982 年，SEAT 從一個汽車組裝廠，開始走出自己的品牌形象，不僅能自己設計車款、製造生產，還建立完整的銷售體系。1983 年，SEAT 用字母「S」作爲自家車的商標，1984 年，推出第一輛完全自製車型 IBIZA，分爲三門及五門掀背式。1990 年，SEAT 成爲福斯集團旗下的第三大廠牌，台灣當時亦有進口，但未獲青睞，此後在台灣幾乎看不到該品牌。

(二) 西班牙製造業品牌LOEWE和ZARA

LOEWE 是西班牙奢華品牌，早在 1846 年就創立了，以皮革製作的產品爲主，像是皮箱、皮包、皮夾、相框等。今日能享譽世界要感謝德籍皮革匠 Enrique Loewe Roessberg 在 1872 年加入這間工坊，他是一位嚴謹的人，與當時在皮革室的幾位手藝精湛的西班牙皮革工匠製作理念相合，雙方因此合夥，爲今日的奢侈品牌知名度打下根基。

ZARA 是一家製作和銷售成衣的公司。位於西班牙加里亞里（Galicia）自治區內的小鎭。目前全球有 1058 間分店分布在 68 個國家。雖說他們每一件產品的開發迅速且能立即在世界各國的分店上架，銷售模式令人讚嘆，但常因剽竊其他人的設計而互控打官司。

十二、西班牙的教育

義務教育 Educación básica	幼兒園 Educación Infantil	3 歲 – 5 歲
	國民小學（六年） Educación Primaria（EP）	6 歲 – 11 歲 （小學初等教育是義務和免費的。所有在 6 歲到 16 歲的西班牙居民，不論是否爲西班牙公民，都必須完成初等教育）、（學雜費自付。公立每年 500 歐元、私立每年 1,000 歐元）

中等教育 Educación Secundaria	初級中學 Educación Secundaria Obligatioria (ESO) （義務教育，4 年） 高級中學 Bachillerato ■ 非義務教育，學生完成初中學業後可以選擇進入高中或稱大學預科）； ■ 不繼續升學，可選擇： ➢ **中級專才職業養成教育** Ciclos formativos de Grado Medio de Formación Profesional ➢ **高級專材職業養成教育** Ciclos formativos de Grado Superior de Formación Profesional	12 歲 – 16 歲 分兩個週期： 第一周期：一、二、三年級 第二周期：四年級 （依照性向分流爲：就業導向和升學導向） 17 歲 ■ 高中劃分爲 5 個類組： 技術組 人文與社會科學組 自然科學與衛生組 音樂組 藝術組 ■ 如初中畢業生選擇「**中級專才職業養成教育**」，修業年限亦爲二年，畢業後如年滿十八歲即可就業，或再進入「**高級專材職業養成教育**」，完成此階段之專業訓練後可就業、或進入大學繼續深造。
高等教育 Educación Superior	全國共有公立大學 48 所，私立或教會大學 18 所，在校學生 155 萬（93% 在公立大學）	1. 以上大學校院均需參加 1983 年八月的《大學改革法》規定高等教育走向分權化，公立大學逐漸與教育部脫鉤，實行大學自治。 2. 隨後《補償教育法》要求學校優先關注不平等條件下的學生的問題。1993 年，西班牙公立大學有一半達到了自治。至 1998 年，西班牙公立大學全部實行了自治[9]。

[9] https://zh.wikipedia.org/wiki/%E8%A5%BF%E7%8F%AD%E7%89%99%E6%95%99%E8%82%B2

• 從西班牙教育現狀省思台灣教育體制

只看重當下市場需求的科目。忽視人文素養學科：歷史、哲學、文言文的閱讀、藝術、考古學等。教育的目標是什麼？教導出有用的人，還是有工作的人呢？大學不應該是職業訓練所，教育的目標是培養出有獨立思考，專業素養，面對困境挑戰的人才。若大學教育只一味在乎專業訓練，少了人文素養的薰陶，那麼我們的畢業生、社會新鮮人也只是一個工作的人。此外，國際接軌不應該只有靠英文，外語也不是只有英文。一位在台灣成長受教育的西班牙女大學生曾跟作者分享她對台灣教育、考試的看法。以考試題目來說，在西班牙從中小學開始就少用選擇題的題型，而是要求學生用論述（redactor）的方式。因爲學生不是只有回答問題，還要能懂得用他自己的話去解釋不同的主題。

過去二十年台灣教改，本意是好的，但其中的複雜與人們觀念跟不上改變，導致更多問題出現，名星學校依舊存在，一句「讓我們每個孩子都上大學」，廣設大學看似美意，骨子裡卻是錯誤的政策，影響所及是原本資質應是念舊制的高職學校，都進入大學，社會少了從事勞動技術的黑手，每個人都進了大學，反造成大學生整體素質跌落，加上少子化的問題，廣設大學所帶來的夢魘，環環相扣的問題，顯見當初缺少有遠見的妥善規劃，以至於後續需花更多心力去解決。最後，一切教育改革要能獲得本質改變的關鍵是家長的觀念。作者在西班牙念書時曾聽一位大學教授說他的兒子想當鬥牛士，在座的其他人問教授他怎麼回答。教授笑笑著說，「很好啊！他自己要小心，別被牛給鬥到了。」通常西班牙的父母不會強迫他們的孩子照其規劃的人生道路去實踐，而是尊重孩子自己的適性發展。從他們文化與文明可以看到許多大家耳熟能詳的運動選手、藝術家（像達利 Dalí，畢卡索 Picasso）、舞蹈家、大文豪等等，若少了適性發展，可能早就被埋沒，沒人知曉。

第二單元　西班牙地理

首都馬德里（Madrid）位於伊比利半島（La Península Ibérica）的中央，海拔668公尺，從菲力浦二世（Felipe II）於西元1560年定爲首都至今已有七百多年，人口有近四百萬。巴塞隆納（Barcelona）是西班牙的第二大都市，位在西班牙東北部加泰隆尼亞工商業地區，是一重要港口城市，1992年奧林匹克運動會就在這舉行。瓦倫西亞（Valencia）是西班牙的第三大都市，面臨地中海，與巴塞隆納一樣，既是工商業的中心，也是一個貿易港。南部塞維亞（Sevilla）是西班牙第四大都市，瓜達爾幾維爾河（El río Guadalquivir）從瓜達拉瑪山脈（Monte Guadarrama）流下來的穿過本市，每年濃厚的天主教聖人週節慶（La Semana Santa）在這兒熱鬧盛大慶祝。本單元我們將從西班牙的地理位置、氣候、方言、行政區域劃分、各個自治區導覽與重要景點逐一說明介紹。

一、地理位置

西班牙位於歐洲大陸西南邊的伊比利半島，北邊以庇里牛斯山和法國爲界，南面隔著直布羅陀海峽和北非的摩洛哥遙遙相望，在地形上控制著大西洋和地中海的咽喉，戰略地位十分重要。東南方臨地中海，西北方臨大西洋，西邊則與葡萄牙接壤，是半島上的兩個國家，西班牙的面積佔了六分之五。此外，西班牙的領土還包括地中海的巴利亞里斯群島（Archipiélago de Baleares），大西洋之加那利亞群島（Islas de Canarias），以及位在北非塞戊達（Ceuta）、美利雅（Melilla）兩個城市，總面積達504,783平方公里，僅次於法國，是歐洲第二大國。

從地形上來看，北部由東向西，庇里牛斯山脈（Montes Pirineos）、坎達布連加山脈（Cordillera Cantábrica）及阿斯圖里亞斯山脈（Principado de Asturias），三條山脈彼此連接，宛如一條天然的山脈屏障。庇里牛斯山地向東南，即爲加泰隆尼亞海岸山脈（Cordilleras Costeras Catalanas）山地。庇里牛斯山南面和伊比利山系（Sistema Ibérico）之間的埃布羅流域（Valle del Ebro 或稱 Depresión del Ebro）是一峽長山谷地形，境內有第二大河埃布羅河（Río Ebro）東南注入地中海（Mar Mediterráneo）。本區雨量多，盛產葡萄、橄欖及軟木等。

伊比利半島的中部是一個中央高原（或台地）（Mesta Central），它和伊比利山系（Sistema Ibérico）都是呈西北東南走向的山系。與中央高原（Mesta Central）橫向交錯的山系由北向南依序有瓜達拉瑪山（Sierra de Guadarrama）、格瑞多山（Sierra de Gredos）和多雷托山（Montes de Toledo）。中央高原（Mesta Central）的北面和南面都是高原盆地地形，北面現今是卡斯提亞與雷翁（Castilla León）自治區，南面則是卡斯提亞·拉·曼查（Castilla La Mancha）自治區，氣候乾燥，地勢平坦，自古以來，大部分地區爲牧羊區。主要農作物爲小麥、大麥、馬鈴薯及豆類。杜羅河（Río Duero）流經北方的高原台地以及葡萄牙北部，向西注入大西洋。中部有大和河（Río Tajo）向西南流經葡萄牙首都里斯本（Lisboa），注入大西洋。南部有另一個潘尼貝蒂格山系（Sistema Penibético），其北面有莫雷納山（Sierra Morena），南面則有內華達山（Sierra Nevada）。瓜達爾幾維爾河（Río Guadalquivir）流經安達魯西亞（Andalucía）自治區的首府塞維亞（Sevilla）是西班牙境內第五大河，當年哥倫布發現新大陸的船隊就是由此出發，航向大西洋。莫雷納山（Sierra Morena）北面的第四大河瓜地亞納河（Río Guadiana）流經葡萄牙南部後同樣注入大西洋。

二、氣候、農牧業、礦產與工業

西班牙三個主要氣候區分別是：北部海洋型氣候、中部大陸型氣候、東南部地中海型氣候。北部海洋型氣候一如山脈橫亙半島北邊，從庇里牛斯山脈（Montes Pirineos）直到坎達布連加山脈（Cordillera Cantábrica）。北岸臨比斯開亞灣（Golfo de Vizcaya），西北岸遠眺大西洋，因面臨海水，空氣溼潤，冬天雖下雪，但與歐洲寒冬相比算是較溫和的；夏天和南部屬乾燥沙漠氣候的高溫相比，又顯得十分涼爽舒適。全年雨量豐富，牧草肥美，又山脈緊鄰，森林茂密，因此農業、畜牧發達。全國有羊兩千多萬頭，所產的美麗諾羊是世界公認最好的品種，毛細長有光澤，最適合紡織細毛紗。

從地形上來看，西班牙境內的山系環繞在伊比利半島的北面、東面和南面，海風不易吹入，半島的中部屬於大陸型氣候，加上中部是高原台地地形，日溫差及年溫差均大，冬天有些地方像是阿比拉（Ávila）氣溫可降至攝氏零下幾十度，夏季最熱時甚至達四、五十度高溫，景象乾旱枯黃，頗有半沙漠的荒涼樣子。冬天和春天雖有降雨，但不甚多，降雨處形成草原放牧區。

東南部因臨地中海，屬於地中海型氣候。有河水灌溉的地方，園業很發達，可以種植熱帶作物及果樹，例如：橄欖、葡萄、柑橘、棗子、香蕉、椰子、葡萄及甘蔗等。西班牙的橄欖油產量是全球第一，柑橘則佔全球第二。

西班牙的礦產非常豐富，主要有鐵、煤、鉀、銅、鋅、水銀。坎達布連加山脈出產鐵礦，畢爾包（Bilbao）、歐比耶多（Oviedo）及桑坦德爾（Santander）是西班牙北部三大煤鐵礦區的中心，其中畢爾包（Bilbao）是鐵砂主要輸出港。卡斯提亞・拉・曼查（Castilla La Mancha）自治區雷阿爾城省（Provincia de Ciudad Real）

的阿馬達鎮（Almadén）是重要的水銀礦區，目前被列爲世界文化遺產。工業則以造船、汽車、製鞋、紡織、化學及鋼鐵等製造業爲主。西班牙有自己的國產汽車品牌：西雅特（SEAT），西文全名爲 Sociedad Española de Automóviles de Turismo，意思是西班牙旅遊汽車公司，成立於 1950 年，也曾風光過，贏得世界拉力錦標賽（WRC=World Rally Championship）分組冠軍，不過，現今被福斯汽車集團收購合併。西班牙也有能力製造潛鑑，只是原本期待已久的海軍最新型 S-80 型潛艇，2013 年下水前卻傳出原始設計過重，可能下潛後浮不起來的窘境，加上國家財政危機，未來命運多舛。此外，西班牙也是空中巴士的製造商之一，與德國、法國和英國於 1970 年共同創立空中巴士集團（Airbus Group），總部設於法國土魯士（Toulouse）。

三、西班牙自治區與各地方言

西班牙行政上劃分成自治區域，本土一共有十七個：安達魯西亞（Andalucía）、阿拉貢（Aragón）、阿斯圖里亞斯（Asturias）、巴利亞里斯群島（Islas Baleares）、加那利亞群島（Islas Canarias）、坎達布里亞（Cantabria）、加泰隆尼亞（Cataluña）、卡斯提亞·拉·曼查（Castilla La Mancha）、卡斯提亞與雷翁（Castilla y León）、埃斯特雷瑪杜拉（Extremadura）、加里西亞（Galicia）、拉里歐哈（La Rioja）、馬德里（Madrid）、巴斯克（País Vasco）、穆爾西亞（Murcia）、納瓦拉（Navarra）、瓦倫西亞（Valencia），加上北非的塞戍達（Ceuta）和美利雅（Melilla）兩個城市後來也規劃爲自治市，加起來總共是十九個自治區域；其中較大的行政區可以再劃分成省，這樣細分下來全國就有五十個省分。

區域的劃分可能是依照歷史的淵源，像是伊比利半島統一前，卡斯提亞（Castilla）、阿拉貢（Aragón）等王國原本各自雄踞一方，自立為國，日後國家統一仍保持其舊有領土。也有因為語言、文化的因素來劃分，例如：巴斯克人仍分屬巴斯克（País Vasco）及納瓦拉（Navarra）自治區；東部的巴塞隆納城市屬於加泰隆尼亞（Cataluña）語系地區，西北邊臨近大西洋的各省則屬於加里西亞（Galicia）語系地區。

西班牙語（Español）或稱卡斯提亞語（Castellano）是西班牙的官方語言。從上述行政區域的劃分我們也可以認識西班牙各地的方言：

1. 巴斯克語（Euskara），使用於北部巴斯克（País Vasco）和納瓦拉（Navarra）兩個自治區。
2. 加泰隆尼亞語（Catalán），使用於東部的加泰隆尼亞地區（Cataluña）。
3. 加里西亞語（Gallego），近似葡萄牙語，使用於西北的加里西亞地區（Galicia）。
4. 瓦倫西亞語（Valenciano），使用於東部瓦倫西亞地區（Valencia）。

四、北部西班牙

北部西班牙的自治區有巴斯克（Vasco）、加里西亞（Galicia）、納瓦拉（Navarra）、阿斯圖里亞斯（Asturias）。其中的巴斯克、納瓦拉和法國庇里牛斯山地區住著許多巴斯克人，他們有自己的語言，語言學家推測巴斯克語石器時代即存在，早於印歐語系，而人類學家因其生理特徵相信他們是歐洲克羅儂馬人的後裔。

(一)巴斯克（País Vasco）

巴斯克自治區位在西班牙北部，東北邊與法國隔著庇里牛斯山接鄰，北面臨比斯開亞灣，西邊是坎達布里亞區（Cantabria）和卡斯提亞與雷翁區（Castilla y León），南面接拉里歐哈區（La Rioja），東邊與納瓦拉區（Navarra）接壤，面積七千二百多平方公里。傳統的巴斯克人以農業爲主，信仰天主教，人民勤奮保守。今日的巴斯克地區呈現鮮明的景觀對比，人口集中的市中心和工業區坐落在綠色平原、山谷，而北邊比斯開亞灣沿岸人口相對較少。由於面臨海洋的地理環境和擁有煤、鐵天然資源，不論是農業、採礦、煉鐵、觀光、造船、金融等等都有出色的發展。例如：BBVA（Banco Bilbao Vizcaya Argentaria）是西班牙主要外換銀行，總行就設在畢爾包。西班牙美洲殖民時期的造船匠、航海家與技術也都源自於巴斯克地區。

1. 首先我們先認識巴斯克（País Vasco）的基本資訊：

首府：維多利亞（Vitoria）/ 人口：大約 2,100,838 / 面積：7,234 km^2

省份：阿巴拉省（Álava），省會是維多利亞（Vitoria）、吉布斯科亞省（Guipúzcoa），省會是聖塞巴斯提安（San Sebastián）、比斯開亞省（Vizcaya），省會是畢爾包（Bilbao）。

自治政府：巴斯克政府（Gobierno Vasco / Eusko Jaurlaritza）
語言：西班牙語（español）、巴斯克語（vasco (euskera)）
農產品：鱈魚（merluza）、肉（carnes）、海鯛（besugo）、鰹魚（bonito）、醃鱈魚（bacalao）、四季豆（alubias）、酒類（txakoli 品牌）、蘋果酒（sidra）。
美食：(1) 綠醬汁鱈魚（merluza en salsa verde）：食材包括圓形切塊鱈魚、蛤蜊、魚湯汁、洋蔥、橄欖油和歐芹。(2) 總匯肉串籤麵包（pintxos）：通常一小片麵包疊起多樣食材：肉、火腿、萵苣、蝦等，再用肉串籤串成。
節慶：每年 1 月 19 日到 20 日在聖塞巴斯提安（San Sebastián）舉行打鼓遊行（Tamborrada），19 日晚上，市長會先升起聖塞巴斯提安市旗，由此拉開節慶序幕，一直到次日的 24 小時，全市鼓聲不絕於耳。早期的慶典是用橡木桶當作鼓打擊，人們穿著淘汰舊的軍隊制服遊行，今天參加遊行的鼓手依然會穿起士兵服裝，也有廚師穿著大廚衣服，頭戴帽子。20 日清晨，聖塞巴斯提安市所有學校的孩子們也會穿上傳統士兵服裝參加這熱鬧遊行。晚上全城市民爲該城守護神舉行慶典，這樣進入了兩天活動的尾聲。
有名人物：廚師卡里歐斯・阿爾基釀諾（Karios Arguiñano），雕刻家愛德瓦多・奇利達（Eduardo Chillida）。

巴斯克（País Vasco）是一個結合傳統習俗以及現代化工業發展的古老地區，有著發達的工業、漁業和商業活動的自治區。她的風景充滿了鮮明的對比。這個區域有現代化的都市，還有坐落在山谷的工業中心。綠色的山野間分布著小村莊（caseríos），海岸線有著美麗的海灘、小溪（calas abruptas），以及人口不多的小鎮。在這古老的自治區裡，最具有傳統風味特色的是那精緻的巴斯克美食和特有的鄉村運動。

吉布斯科亞省（Guipúzcoa）海岸的宏達里比亞（Hondarribia）是著名的漁港和度假勝地。從聖母瑪利亞門（Puerta de Santa María）進入馬上可以欣賞到許多老房子上的木雕陽台，上面種滿了爭奇鬥艷的花卉，綿延整個海岸，喜愛海鮮美食的饕客可以隨時停下來，找一間餐廳大啖海鮮，品嚐用原汁烹調的烏賊和鯛魚，搭配巴斯克白酒（txakoli）。

在巴斯克（País Vasco）守護神的節慶被稱爲偉大一星期（Semana Grande）。整個慶典持續八月這一整個月。大約在 8 月 15 日聖塞巴斯提安城（San Sebastián），特別是在拉孔查（La Concha）海灣舉辦的人造煙火。在維多利亞市（Vitoria）八月第一個禮拜舉行稱爲白色的慶典（Fiestas de la Blanca），向白色的雪神致意，她是這個城市的守護神。

大部分巴斯克的鄉村運動是從很古早的時候慢慢演變過來的，也是他們傳統生活的方式，最爲人所知的就是帆船賽（regatas de traineras），船員由 12 個划槳的人和一個掌舵的人組成。斧頭運動（aizkora）主要是拿著斧頭，一次砍完好幾塊樹幹，誰能在最短的時間砍完，誰就是冠軍。搬石頭比賽（harrijasotzaile）是舉起重達 300 公斤的石頭。另外一個深植巴斯克地區的運動是板球（pelota vasca）。板球的比賽方式會依球的種類、球場、打擊方式不同而不一樣。最常見的是用手、棍子或是其他擊球的板子，或兩位選手彼此競賽，或是四個人兩組競賽。比賽的方式是將球打擊到牆壁上稱之爲 frontón，而對手必須不讓球在地上彈跳兩次就將球回擊。

巴斯克美食被視爲是世界上最好的美食之一，食材有來自海上的海鮮，陸地上高品質的蔬菜、肉類。烹調的方式有以自然的傳統手法烹飪，也有新的巴斯克食譜料理。在巴斯克有著淵遠流長的美食群店，他們由一群男廚子合作，使用傳統的巴斯克烹飪方式，小心翼翼地準備每一道菜餚。另外一個巴斯克美食令老饕大啖的是串燒（pintxos），都可以在巴斯克的酒吧裡品嚐到，吃的時候會搭配txakoli（起泡的白葡萄酒）或半杯啤酒（un zurito）。

2. 維多利亞（Vitoria）

維多利亞（Vitoria）是阿巴拉省（Álava）省會，巴斯克自治區的首府。主要的行政機關像是巴斯克政府和國會都在這兒。在舊市區有保存很好的大教堂（Catedral），八月時在白色聖母廣場（Plaza de la Virgen Blanca）舉行白色聖母節（Feria de la Virgen Blanca），她是維多利亞城市的守護神。聖母的雕像就在聖米蓋爾教堂（Iglesia de San Miguel）內，俯視整個廣場，廣場中有維多利亞之戰紀念碑，碑立於1917年，紀念當時戰勝法國拿破崙軍隊的史蹟。

聖塞巴斯提安國際電影節（el Festival Internacional de Cine de San Sebastián），爵士樂國際節慶每年也在維多利亞市和聖塞巴斯提安舉辦。在比斯開亞省（Vizcaya）舉行國際民俗節慶（el Festival de Folclore Internacional），在這個慶典裡有許多來自全世界的歌舞團參加。

3. 聖塞巴斯提安（San Sebastián）

聖塞巴斯提安城（San Sebastián）位在吉布斯科亞省（Guipúzcoa）北邊，這個城市位在一個貝殼形狀的海灣（bahía），巴斯克語叫做Donostia。著名的海灘拉孔查（La Concha）和望達瑞塔（Ondarreta）因它的優美風景和多樣的文化讓許多遊客慕名而來。市中心的國會宮庭（Congresos Kursaal）由西班牙建築師拉法葉·莫內歐Rafael Moneo所設計，是一個多功能的大型建物，兩棟桶狀的玻璃建築外觀，裡面有國會殿堂、商業中心、音樂廳等等，從1999年開幕啓用至今，也是該城舉辦國際電影節（Festival Internacional de Cine）的地方。其他可以參觀的景點，例如：水族館（aquarium）裡面有一個40公尺寬的海洋水族館，中間有一個透明的隧道供遊客通行。聖提摩博物館（Museo San Telmo），主要展示巴斯克文化藝術像是巴斯克地區的回力球運動（pelota）、傳統服裝、美食料理、畫家蘇羅阿卡（Zuloaga）、葛雷格（Greco）的作品。

4. 畢爾包（Bilbao）

畢爾包（Bilbao）是比斯開亞省（Vizcaya）的省會，它不僅是和巴斯克自治區最大的城市、工業中心，也是西班牙主要的商業港口。河口聚集了所有的工廠和企業公司，還有現代化的美術博物館。最有名的古根漢博物館（Museo Guggenheim de Arte Contmeporáneo）也坐落於此，它的建築特色在於屋頂是鈦金屬，透光的玻璃牆，多個空間組合相接。在它的旁邊則是尤斯卡爾杜納皇宮（Palacio Euskalduna），它是一個多功能的建築，裡面包含了音樂廳（Auditorio）、國會中心（Centro de Congresos）等。畢爾包城裡的另一特色是由諾曼佛斯特（Norman Foster）所設計的地鐵。地鐵站的入口像是一個透明的海螺罩著，高聳雄偉的電扶梯由上而下宛如走在時光隧道裡。另外，畢爾包管弦樂團音樂區（Sede de la Orquesta sinfónica de Bilbao）是值得參訪的景點。整座城就像是一座現代藝術建築館。

5. 格爾尼卡（Guernica）

格爾尼卡（Guernica）這個小鎮對許多巴斯克人來說有著極重要的象徵意義。幾個世紀以來，政府官員在一棵橡樹（roble）下開會，討論治理比斯開亞省小鎮的事情。1937 年 4 月 26 日市集的這一天，格爾尼卡被納粹的軍隊轟炸，死了超過 2,000 人，唯獨那棵橡樹和聖瑪麗亞教堂卻奇蹟般地毫髮未傷。現在這棵橡樹仍在亭子裡用圍杆保護著，在其旁又種了一棵新的橡樹，就在現在的市政管理大樓前。

格爾尼卡（Guernika）能讓世人對他印象深刻主要還是歸因於畢卡索的畫，就名爲格爾尼卡（Guernika），他把小鎮裡的百姓、動物任何生命體在這血腥戰爭中所受到的摧殘，慘不忍睹的景象作了一幅抽象畫，自此格爾尼卡也就成爲殘酷戰爭的同義詞。這幅巨畫現在保留在馬德里的蘇菲亞皇后美術館（Museo Reina Sofía）內。

6. 歷史上曾經的 ETA 組織

巴斯克人住在今日的巴斯克、納瓦拉自治區，以及法國西南部庇里牛斯山區已有數千年了，他們說的巴斯克語亦早於印歐語系，自古以來，過著以農漁業爲主的生活，自給自足，不虞匱乏。一直到伊莎貝爾女皇統一了伊比利半島仍給予極大自主權。不過，到了 18 世紀中後葉，該地區逐漸由農漁業轉爲工商業爲主的經濟體制，也就開始了大量外來移民，對人口、社會與政治結構產生衝擊，馬德里中央政府取消很多巴斯克地區許多自治權，這間接促成了當地巴斯克人於 1907 年成立了「巴斯克國家黨」，簡稱 PNV（Partido Nacionalista Vasco）。佛朗哥政權期間，中央極權的力道更爲強烈，更刺激了巴斯克國家黨內的激進份子在 1958 年又自組了「巴斯克自由黨」簡稱 ETA（Euskadi ta Askatasuna），西班牙語是 País Vasco y Libertad，這是一個地下武裝分離組織，以暗殺政府要員爲目標，西班牙、法國政府、歐盟國家與美國都將 ETA 列爲禁止的恐怖組織。如今，歐洲從已整合的歐洲共同體（1993-2009），進入到歐洲聯盟（Unión Europea）的體制，2002 年 1 月 1 日起歐盟 12 個成員國正式使用統一的貨幣，帶動西班牙的經濟，連帶的觀光收入成爲地方經濟主要來源。整體環境改變，促使作亂四十多年的巴斯克自由黨（ETA）於 2018 年 5 月 2 日正式宣告解散，西歐最後的武裝叛亂活動終於畫下句點。

(二) 坎達布里亞（Cantabria）

1. 首先我們先認識坎達布里亞（Cantabria）的基本資訊：

首府：桑坦德爾（Santander）

人口：大約 530,281 / 面積：5,282 km^2

省份：桑坦德爾（Santander）

自治政府：坎達布里亞政府（Gobierno de Cantabria）

農產品：各式各樣乳酪（gran variedad de quesos）、肉（carne）、貝類（marisco）、魚（pescado）

美食：(1) 西班牙燉豆（cocido montañés）由白豆（alubias blancas）和捲心菜（berzas），牛肉（carne de vaca），培根（tocino），血腸（morcilla）和香腸（chorizo）燉煮的一道菜餚。(2) 甜點：由麵粉（harina），糖（azúcar），奶油（mantequilla），雞蛋（huevos），檸檬（limón），朗姆酒（ron）或茴香（anis），鹽（sal）和酵母（levadura）製成。

節慶：La Folia 節慶是四月底在聖維森特·德拉巴爾克拉（San Vicente de la Barquera）舉行的慶祝活動。居民將聖母的人像（la Virgen de la Barquera）放在一艘用鮮花和旗幟裝飾的船上，領著海上其他遊行的船隻，向大海祈福。

有名人物：璜·得·拉·郭薩（Juan de la Cosa）製圖師和導航員，西元 1500 年製作了第一張世界地圖。赫拉爾多·迪也哥（Gerardo Diego）27 年代的前衛作家。瑟貝里安諾·巴也思得羅斯（Severiano Ballesteros）著名的高爾夫選手。是國際知名的高爾夫球選手，年僅 19 歲就已經贏得 72 座賽事，其中有兩座是世界盃冠軍。在坎達布里亞，除了保齡球和划槳的比賽，高爾夫球非常受到歡迎。羅培·德·維加（Lope de Vega 1562 年 11 月 25 日－1635 年 8 月 27 日），西班牙劇作家、詩人。黃金時代最重要的作家之一。

2. 桑坦德爾（Santander）、坎達布里亞（Cantabria）自治區

坎達布里亞位在西班牙的北方，北部面對比斯開亞灣，面積僅五千多平方公里，人口約五十萬。桑坦德（Santander）是坎達布里亞區唯獨的一省。沿岸山脈和海岸線交錯。整個海岸線被坎達布里亞海（mar Cantábrico）包圍。在這兒都是漁港、小鎮、海灘和小河流（calas）分布。坎達布里亞海從東邊的法國海岸一直延伸到西班牙的北部，這一路都是陡峭的斷崖山壁（acantilados abruptos），雖然也會有零星的沙灘。

坎達布里亞（Cantabria）自治區，海岸線有數百公里之長，青山綠野，雨水豐沛，有碧綠海岸之稱。坎達布里亞風光明媚，水光山色，如詩如畫有「西班牙的瑞士」之稱。古時居住著坎達布里亞部落，驍勇善戰，故此區以此命名。桑坦德爾（Santander）是坎達布里亞自治區的首府，它位在一個峽灣（bahía），是一個海港都市，也是一個重建的現代化都市。起因於 1941 年大火燒毀了這個城市。漁業是重要的經濟資源。

坎達布里亞（Cantabria）城附近的阿爾塔米拉山洞（Altamira）裡畫有一幅石壁洞畫，繪有野牛、猛獁等多種動物，據說已有一萬五千年的歷史，是舊石器時代的作品。1985 年阿爾塔米拉山洞壁畫被聯合國教科文組織列入世界遺產。

3. 歐洲山峰（Picos de Europa）

據說歐洲山峰（Picos de Europa）這個名稱是水手們給他取，因為當他們從海上返回陸地最先看到的就是歐洲山峰。山脈延伸到卡斯提亞雷翁（Castilla León）、阿斯圖里亞斯（Asturias）以及坎達布里亞（Cantábria）自治區，綿延的山脈分成三塊板塊（macizos）：西部、中部和東部。坎達布里亞位在東部板塊地區，歐洲山峰現在是歐洲最大的國家公園。

4. 聖地牙哥朝聖之路（Camino de Santiago）

聖地牙哥朝聖之路是第一條歐洲文化旅遊途徑（Primer Itinerario Cultural Europeo）和列入世界遺產（Patrimonio de la Humanidad）。其中一條路線：北方之路（Camino del Norte），又稱爲坎達布里亞路線（Ruta Cantábrica），它就是穿越坎達布里亞自治區。這條路開始於巴斯克境（País Vasco）內，經過許多沿岸的漁民小鎮，最後穿越阿斯圖里亞斯自治區（Asturias），到達加里西亞自治區（Galicia）。

5. 瑪格達雷納皇宮（Palacio de la Magdalena）

這座皇宮位在桑坦德爾，建造於20世紀初，當作國王阿爾豐索十三世（Alfonso XIII）夏天的住所。現在這座建築物是大學Universidad Internacional Menéndez Pelayo所在地。

6. 海的聖地亞那（Santillana del Mar）

它位在坎達布里亞自治區內陸30公里，在這個城市裡保存著從15世紀到17世紀用石頭建造的房子，至今仍完好無損。在它的附近有個山丘瞭望台，保存了羅馬時代和中世紀建造的堡壘，從這邊可以眺望歐洲之峰（Picos de Europa）。這個地區最引人注目的是阿爾塔米拉洞穴（Cuevas de Altamira）被列爲世界遺產。1879年被發現在洞穴裡面保存了史前時代世界上最好的一項文物。這個洞穴長約300公尺，沿著洞穴一路可以看到壁上繪畫。一開始考古學家否認它們的眞實性，因爲早期的理論是石器時代的人是野蠻人。不過後來，證實畫作的眞實性，對那個時候的人類所擁有的創造力，豐富的想像力、情感，還有宗教的特色仍給予高度讚嘆。

7. 異想天開的別墅（El Eapricho）

在哥米亞斯（Comillas）這個城鎮可以遇見由著名的高第（Gaudí）建築大師所設計的別墅，它是一個充滿了阿拉伯式靈感的城堡宮殿。這座建築物最具有特色的燈塔塔樓裡面有蝸牛殼旋轉式的階梯。

8. 國家畜牧業慶典（Feria Nacional de Ganado de Torrelavega）

坎達布里亞是一個畜牧業發達的地區，畜養的牛隻和牛肉是最重要的產業和產品。這爲他們帶來了非常重大的經濟效益。坎達布里亞是西班牙第二大產牛乳的地區，在多勒拉貝哥（Torrelavega）小鎮會舉辦西班牙最重要的國家畜牧業慶典（Feria Nacional de Ganado）。

9. 卡巴爾塞諾自然公園（Parque de la Naturaleza de Cabárceno）

在這個公園可以看到來自各大洲，最具有代表性的動物。人們可以在這半野生的動物園區開著車遊覽，欣賞不同的自然界物種。牠們在是一個自然公園生活，基本上就跟他們在野生環境一模一樣。

(三) 納瓦拉（Navarra）

1. 首先我們先認識納瓦拉（Navarra）的基本資訊：

首府：潘普隆納（Pamplona）

語言：西班牙語（Español）和巴斯克語（Vasco）

人口：大約 523,563 / **面積**：10,421 km^2

省份：潘普隆納（Pamplona）

自治政府：納瓦拉政府（Gobierno de Navarra 或稱爲 Diputación Foral de Navarra）

農產品：酒（Pacharán La Navarra）、乳酪（Queso de Roncal）。

美食：(1) 納瓦拉鱒魚（trucha a la navarra）：切開鱒魚肚放入火腿再拿去油炸。(2) 乳酪、凝乳（cuajada）：類似優酪乳的點心。

節慶：聖費明節（San Fermín）

有名人物：巴布羅．薩拉沙特（Pablo Sarasate）：19 世紀西班牙民俗音樂作曲家、小提琴家。米蓋爾．英杜蘭殷（Miguel Induráin）：國際自行車選手，曾贏得五次法國巡迴賽。

納瓦拉（Navarra）位於西班牙北部，北邊以庇里牛斯山與法國爲界，另外三邊與卡斯提亞雷翁（Castilla León）、巴斯克（País Vasco）、拉里歐哈（La Rioja）、阿拉貢（Aragón）自治區爲鄰。

中世紀時納瓦拉（Navarra）是個獨立王國，後來被巴斯克王國合併入，所以至今很多巴斯克人仍生活在此。納瓦拉的經濟以林牧爲主，潘普隆納（Pamplona）附近有鐵礦、冶金、水泥、造紙、釀酒、化工、陶瓷等工業。納瓦拉人口約五十多萬，二十萬人集中在首府潘普隆納（Pamplona）。

2. 聖費明節（San Fermín）

潘普隆納（Pamplona）是納瓦拉省（Navarra）的首府，據信是由驍勇善戰的羅馬將軍龐培（Pampeyo）於西元前 74 年所建立的古城，至今已有二千年歷史。「聖費明節」起源於 12 世紀，一開始只是單純的宗教節日活動，紀念城市的保護者聖費明（San Fermín）。14 世紀，人們只是趕牛入城並舉行鬥牛的活動，到了 18 世紀中葉開始了奔牛的活動，19 世紀出現了大頭人的遊行。不過，每年七月的聖費明節慶能聞名國際，還得感謝美國著名的小說家海明威，因爲他對鬥牛的熱愛，把整個奔牛節活動在他的小說「太陽照樣升起」作了生動的描述，讓這個原本寧靜悠閒的小鎮，突然間變成萬人空巷，人群簇擁的景象，許多外地的觀光客也熱情地加入此一慶典，從 7 月 6 日中午 12 點聖費爾明節開始一直到 7 月 14 日午夜 12 點大家手持蠟燭高唱【Pobre de mí, pobre de mí, que se han acabado las fiestas, de San Fermín】意思是：「可憐我吧，可憐我吧，聖費明節結束了。」為期一週的節慶活動，不論是街頭廣場或酒吧店裡，人來人往，熙熙攘攘，狂歡後的菸酒氣味，總是迴盪在窄小的街頭巷弄裡。有關奔牛節的活動，在本書第四單元我們會做更詳細的介紹。

(四) 拉里歐哈（La Rioja）

1. 首先我們先認識拉里歐哈（La Rioja）的基本資訊：
首府：洛格羅尼奧（Logroño）
人口：267,000 / 面積：5034 km^2
省份：洛格羅尼奧（Logroño）。
自治政府：拉里歐哈政府（Gobierno de La Rioja）
農產品：香腸（chorizo）、葡萄酒（vino）、琉璃苣（borrajas）、蝸牛（caracoles）、蘆筍（espárragos）、辣椒（pimientos）、朝鮮薊（alcachofas）、蘑菇（champiñones）、桃子（melocotones）、梨（peras）、葡萄（uvas）、蘋果（manzanas）。
美食：(1) 拉里歐哈土豆（patatas a la riojana）：土豆（patatas）、辣椒（pimiento）、紅辣椒（choricero）、青椒（pimiento verde）、洋蔥（cebolla）、豬排（costilla de cerdo）、香腸（chorizo）、橄欖油（aceite de oliva）。(2) 小杏仁餅（mazapanes de Soto）：用杏仁粉和糖在烤箱中烤製而成。

拉里歐哈（La Rioja）是西班牙最有名的釀酒之鄉，從中世紀開始，它就是朝聖之路必經的地方。不論是朝聖者或是當地的教堂、教士、神父、老百姓，美酒、麵包向來都是他們日常生活中飲食的一部分。不過，這一個地區會成為西歐最富盛名的酒鄉，也是因為在 19 世紀中葉法國波爾多酒區遭受到大規模的蟲害，許多葡萄酒農民來到這一區重新栽種葡萄，搭配新的技術，才造就了今日葡萄酒產業蓬勃發展。

赫雷滋（Jerez）是西班牙最出名的葡萄烈酒，酒精濃度大約有 17 度，比一般的葡萄酒 12 度還要高，中文稱為雪莉酒（Sherry）。

耳熟能詳的葡萄酒有 Marqués de Riscal：葡萄酒的特色是香氣和味道上傾向清新愉悅。El coto 葡萄酒：在製造過程中大量使用美國的橡木桶，而且十分注重橡木桶的清洗，減少殘渣或沉澱物。這是為了在釀酒的過程中葡萄酒汁能與橡木桶更完整的接觸，同時刻意縮減葡萄酒在橡木桶中的陳年時間。因此這一款葡萄酒的品質傾向柔順，擁有較多的天然葡萄原味，口感清新爽口。第三款葡萄酒 Marqués de Murrieta 散發出濃郁橡木桶的氣息，具有強烈西班牙傳統風味。這一區的釀酒人甚至自豪地說他們不僅是釀酒還教育酒，因為透過木桶的盛放，讓酒裡的各種元素在時間裡慢慢達成平衡。

節慶：高蹺舞蹈（Danza de los zancos）、葡萄採收節慶（Fiestas de la Vendimia）。

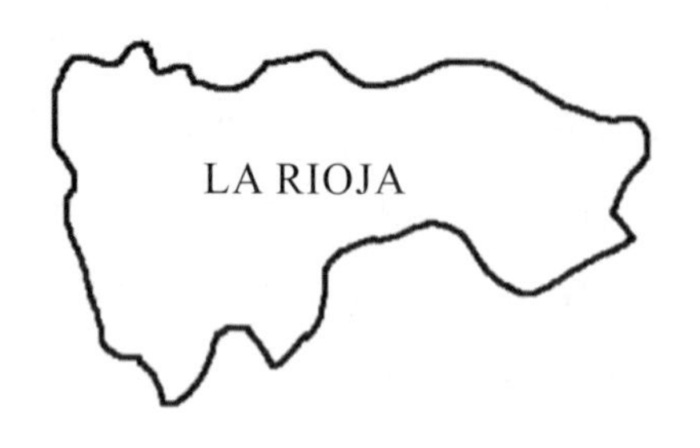

拉里歐哈（La Rioja）區位於卡斯提亞、阿拉貢、巴斯克三區之間，是一個五千多平方公里的自治區，人口不到三十萬。該區以盛產葡萄美酒享譽國際。首府為洛格羅尼奧（Logroño）。

拉里歐哈（La Rioja）以奧哈河（río Oja）通過該自治區而得名，位於半島北部，埃布羅河（río Ebro）的河畔，是一個肥沃的區域。儘管是半島上最小的社區，但擁有多種景觀與動植物。在這兒生產著名的拉里奧哈葡萄酒，還有許多果園出產的水果。自中世紀起，無數朝聖者經由朝聖之路（Camino de Santiago）穿越這片土地，修道院除了提供朝聖者休憩，更見證了歷史。例如，聖米勒·得·尤索（San Millán de Yuso），保存了最古老的書面資料和羅馬時代的手稿，這些珍貴資料讓我們能了解中世紀的卡斯提亞。

拉里歐哈（La Rioja）以其豐富的自然環境著稱。西部地區稱爲里歐哈高處（Rioja Alta），有著一大片葡萄園，大西洋氣候溫和。東部地區稱爲里歐哈低處（Rioja Baja），地勢平坦得多，周圍是廣闊的果園，毗鄰埃布羅（río Ebro）。西南部景觀崎嶇不平，其間的卡梅羅斯國家保護區（Reserva Nacional de Cameros），棲息著保育類的猛禽。

拉里歐哈（La Rioja）地區因朝聖之路（Camino de Santiago）上千年的歷史蘊藏著豐富的藝術和文化。這裡擁有大量的教堂、修道院、城堡、朝聖者醫院、橋樑和通向聖地牙哥的道路。羅馬人的足跡在卡拉奧拉（Calahorra）尤爲明顯，保存了廣場（foro），馬戲團（circo）和羅馬浴場（termas romanas）。這裡還可以找白堊紀時代（época cretácica）許多遺址，像是恐龍（dinosaurios）的腳印和其他化石遺跡。

2. 洛格羅尼奧（Logroño）

洛格羅尼奧（Logroño）城市是拉里歐哈（La Rioja）的首府，毗鄰埃布羅河（río Ebro），地處在一片肥沃的平原上，那裡的蔬菜和水果品質優良。朝聖者通過橫跨埃布羅河（río Ebro）的石橋（Puente de Piedra）後，進入洛格羅尼奧（Logroño）城。城裡有提供朝聖者休憩處（la Fuente de los peregrinos），也可參訪聖地亞哥·雷亞爾教堂（la iglesia de Santiago la Real）和有著金字塔設計的聖瑪麗亞·德·帕拉西奧塔大教堂（Santa María del Palacio）。

3. 節慶（Fiestas）

拉里歐哈（La Rioja）是一個極具地方、宗教、歷史和農村特色的地區，跟著農產收穫的節日慶典更是特別。其中最著名的是洛格羅尼奧（Logroño）的葡萄採收節（Fiestas de la Vendimia）和在安哥亞諾（Anguiano）萬人空巷，慶歡樂的高蹺舞蹈（la Danza de los zancos）。

9 月 21 日是聖馬特奧日（San Mateo），在洛格羅尼奧城市的中央廣場埃斯波隆（El Espolón）舉行慶祝活動。人們踩著葡萄，並將第一杯葡萄汁獻給拉里歐哈（La Rioja）守護聖母瓦爾瓦內拉（Valvanera）。

4. 高蹺舞蹈（Danza de los zancos）

高蹺舞蹈每年 7 月 22 日在安哥亞諾舉行，主要是紀念鎮上的守護神瑪麗亞·瑪格達萊娜（María Magdalena）的盛宴。舞會中會有八個年輕小伙子踩著高約 45 公分的高蹺。高蹺是用歐洲山毛櫸木頭製的（haya），再用樹枝（horquilla）編成藤蔓將高蹺綁固定在腿上。從教堂迎接聖母瑪麗亞·瑪格達萊娜（María Magdalena）開始宗教遊行前，他們會踩著高蹺，手持響板敲擊，在神像前跳舞。五顏六色的服裝，特別是裙子在迅速轉身時，像張開的傘轉呀轉，最吸引人們的目光。高蹺舞只在安哥亞諾（Anguiano）舉辦，最早的書面記載可追溯到 18 世紀。儘管它的起源與牧人的習俗有關，但確切的起源至今無從考據。在拉里歐哈自治區，有牧民於雪季以高蹺克服潮濕地形，越過淹水草地（prados encharcados）的說法。

5. 各項物產（Productos de la tierra）與烹飪（Gastronomía）

拉里歐哈（La Rioja）就像是一個天然的大果園，豐富的農產沿著在埃布羅（río Ebro）及其支流兩岸種植。在這裡，除了栽種各式各樣的葡萄，還種植了大量的蔬菜（hortalizas），例如：洋薊（alcachofas），薊（cardos），捲心菜（berzas），辣椒（pimientos），蘆筍（espárragos）和白色花椰菜（coliflor blanca）。

最早西班牙葡萄酒的製飲可以追溯到西元前 1100 年的腓尼基人開始用葡萄來釀酒。

拉里歐哈（La Rioja）因埃布羅河谷優越的條件使其有生產葡萄的良田。在拉里歐哈低處（La Rioja Baja）地區，收穫季節較早，開始於秋季。葡萄用一個叫做 corquete 的小鐮刀（hoz）切開，放在籃子裡。然後將其帶到釀酒廠或酒窖（bodegas）開始釀酒的過程。

拉里歐哈葡萄酒有七個是具有原產地標記的品種，其中四個爲紅葡萄酒品牌，三個爲白葡萄酒。上等紅酒以丹不朗尼葡萄（tempranillo），格爾納茶葡萄（garnacha），瑪舒葦蘿葡萄（mazuelo）和格拉司洋諾葡萄（graciano）製成，擁有典型的香草風味。它們首先在橡木桶中培育，製程最後階段才裝瓶。根據它們在橡木桶中保存的質量和時間，將其分類爲：Crianza（陳釀酒），陳年長達三年的葡萄酒，在橡木桶中至少存放一年。Gran Reserva（極珍藏酒），至少採收後有兩年的時間保存在橡木桶中。

耳熟能詳的白葡萄酒有阿爾巴利紐（Albariño）白葡萄酒、貝爾得侯（Verdejo）白葡萄酒，雪利酒（Spanish Sherry）。其中雪利酒是一款加強葡萄酒，是西班牙安達魯西亞赫雷茲．得．拉．佛朗特拉（Jerez de la Frontera）的白葡萄所釀製的加強白葡萄酒。還有一種是聖誕節會飲用的氣泡酒叫卡巴（Cava），其釀造方式與香檳相似，但風味不同，適合作爲開胃酒飲用。

拉里歐哈（La Rioja）因其優良的天然環境，生產豐富多樣的美食。傳統上可將其分成山間（la cocina de la sierra）與河岸（la cocina de la ribera）兩種不同風味的烹調。山上有肉類（carne）和香腸（chorizo）的菜餚，例如：拉里歐哈的豬腿（las patas a la riojana）；土豆加香腸（patatas con chorizo）和羊肉（cordero）。在河邊菜色更精緻，主要是用果園裡的產品，例如：蔬菜牛排（menestra de verduras），加蕃茄醬的釀辣椒（pimientos rellenos con salsa de tomate）或帶有蘆筍的開胃菜（los entrantes con espárragos）。至於甜點（postre），拉里奧哈果園提供桃子（melocotones），梨（peras），草莓（fresas），櫻桃（cerezas）和其他水果。在拉里歐哈糕點店（pasteleria）叫做 golmajería，著名的小杏仁餅（mazapanes de Soto），奶油捲（rollos de crema），甜杏仁捲（dulces rellenos de almendra）都是定要品嚐的美食點心。

6. 葡萄酒之戰（La batalla del vino）

每年 6 月 29 日西班牙拉里歐哈（La Rioja）的阿羅（Haro）小鎮都會舉行葡萄酒大戰，慶祝聖彼得節（San Pedro）。所有人不分男女老少，拿著裝有紅酒的各式容器，在市長的帶領下，先前往修道院舉行彌撒，午飯後，狂歡的葡萄酒大戰就開始了。

這個起源於光復運動（Reconquista）時期，土地所有權之爭的節日，至今演變為葡萄酒鄉的「潑酒節」。在數千升葡萄新酒的潑灑下，身穿白衣，繫上大賽標誌性紅方巾的參加者，瞬間就被染成紫紅色。音樂不停，「戰鬥」不止，所有人都在高聲歌唱與開懷大笑下盡興而歸。

(五) 加里西亞（Galicia）

首先我們先認識加里西亞（Galicia）的基本資訊：

首府：聖地牙哥 · 德 · 孔波斯得拉（Santiago de Compostela）

人口：2,720,445 / 面積：29,500 km^2

語言：西班牙語（castellano）、加里西亞語（gallego）

省份：阿科魯尼（A Coruña）、盧果（Lugo）、歐倫斯（Ourense）、龐特貝得拉（Pontevedra）

自治政府：加里西亞政府（Xunta de Galicia）

農產品：酒類（vinos）、魚（pescado）、貝類（marisco）、各式各樣乳酪（gran variedad de quesos）。

美食：加里西亞傳統美食章魚（pulpo a feira）。這道菜是先將章魚切片後在鍋內沸煮，取出放到木製的盤子，撒上粗鹽、甜辣椒粉，最後淋上橄欖油。

節慶：割鬃毛和馬尾巴（Curros o Rapa das bestas）。這是一個文化和旅遊節的名稱，每年五月到六月舉行。Curros 指的是馬匹集中處。他們將馬聚在一處，割鬃毛和馬尾巴。

有名人物：阿道爾夫．多明蓋斯（Adolfo Domínguez）是西班牙著名時裝設計師。

加里西亞（Galicia）位於西班牙的西北角，該地區包括四省，西北部的阿科魯尼省（A Coruña 是加里西亞語，西班牙語是 La Coruña），西班牙的無敵艦隊以此為首要海軍基地，東北部的盧果

（Lugo）與南部的龐特貝得拉（Pontevedra）和歐倫斯（Ourense）兩省。加里西亞的方言與葡萄牙語頗爲相似，兩地的經貿關係亦是十分密切。加里西亞自治區的首府爲聖地牙哥．德．孔波斯得拉（Santiago de Compostela）。

加里西亞位在伊比利半島的西北方，是西班牙最綠意盎然的地區。它的景觀包含了內陸、草原、山脈的景色，以及海岸線勾勒出無數的河川、沙灘和陡峭的懸崖峭壁。

在介紹加里西亞這個地區就必須提到歷史上的塞爾達人（Celta），影響所及不僅是文化上，甚至於音樂都表現出很不一樣的特色。最具有代表性的樂器是「風笛」（gaita），源自於塞爾達人的樂器，流傳至今是加里西亞最具有代表性的民俗音樂。它的影響也可以從加里西亞的傳說發現到他們的祖先相信樹木、灌木叢都可能化身爲人樣、巫婆或是小精靈（duendes）、小妖精（trasgos）。

聖地牙哥朝聖之路（Camino de Santiago）是一條歐洲文化及宗教之路。朝聖者抵達終點聖地亞哥時通常會戴著扇貝殼，當作紀念，也表示曾踏上這條心靈修養的旅途。聖地牙哥慶典通常在 7 月 25 日舉行，人們把它視爲朝聖者抵達聖地牙哥獲得了大赦（jubileo），也就是所有天主教徒得到完全的寬恕與赦免。

耶穌受難像（Cruceiros）指的是石頭砌成的宗教建物，以十字架的形式開始出現。在 14 世紀末期被用來標幟朝聖的道路。

在 1980 年代開始在加里西亞出現了服裝產業流行的工業，像是莎拉（Zara）的服裝企業，在世界各地擁有數以百計的分店。

瓷器（porcelana）和陶器（cerámica）按照加里西亞傳統的形式設計是手工藝的特色之一。

乳酪（Queso）亦是加里西亞的特產。不同的口感，柔軟，充滿了奶油香氣，吃起來很滑順潤口，通常會伴隨葡萄酒一起吃。

龐特貝得拉（Pontevedra）位在加里西亞面臨大西洋岸，城市裡的街道仍然是石頭路鋪成的。盧果（Lugo）是加里西亞最古老的城市，有著羅馬時代的城牆，是農業和畜牧業生產的中心。阿科魯尼（A Coruña）最具有代表性的象徵是它19世紀建造的水晶建築，因此又被稱爲水晶城市（ciudad de cristal）。它的港口從羅馬時代到海洋大世紀一直占有非常重要的地位，建有歐洲最古老的燈塔（Torre de Hércules）。歐倫斯（Ourense）是加里西亞唯一沒有靠海的省會。它是整個自治區的交通樞紐，從羅馬時代地理位置就非常重要。羅馬人造的橋樑，又稱爲「舊橋」（Puente Viejo）穿越了敏紐河（río Miño）。比果（Vigo）是加里西亞人口最多的海港城市。

聖地牙哥·德·孔波斯得拉（Santiago de Compostela）是世界文化遺產城市，也是加里西亞的首府，行政中心。聖地牙哥大教堂（Catedral de Santiago）在中世紀就是基督徒朝聖者的終點站。它與羅馬（Roma）和耶路撒冷（Jerusalén）在中世紀是三大朝聖地。大教堂的建造始於1075年，教堂的基地是羅馬風格，之後才加上巴洛克元素（barrocos）。大教堂裡慶典期間，擠滿了遊客、朝聖者、政商名流和達官貴人。著名的大香爐（botafumeiro）燃燒著香火，香煙裊裊，由八位神職人員在一端合力地拉，使之擺盪於大教堂內高大的空間。大香爐淨重約62公斤，高1.5公尺。濃郁的煙霧因來回的擺動瀰漫了整座教堂，據說這是要掩蓋朝聖者身上的體味。

(六) 阿拉貢（Aragón）

首先我們先認識阿拉貢（Aragón）的基本資訊：

首府：薩拉哥沙（Zaragoza）

人口：／面積：47,719 km^2，人口約1,276,000

省份：威斯卡（Huesca）、薩拉哥沙（Zaragoza）及特魯維爾（Teruel）。

農產品：麥類（trigo）、玉米（maíz）、甜菜（remolacha）、橄欖（olivos）、葡萄（uvas）。

節慶：歐洲朝聖者以一親聖母畢拉（Pilar）為榮，每年十月十二日薩市的聖母遊行是西班牙重要的宗教節目之一。成千善男信女穿著傳統的阿拉貢服裝跟著遊行隊伍，行間還有踩高蹺和化裝成巨頭小人的信徒，傳統阿拉貢的 Jota 舞蹈也是慶典中不容錯過的表演。
有名人物：西元 1469 年阿拉貢國王費南多二世與卡斯提亞女王伊莎貝爾一世結婚，開始了西班牙的統一大業。西元 1137 年巴塞隆納伯爵 Ramón Berenguer IV 和阿拉貢唯一的繼承人阿拉貢公主 Petronila 結婚，這也造成日後加泰隆尼亞地區納入阿拉貢的統治。

阿拉貢（Aragón）位於西班牙的中北部，北隔庇里牛斯山脈與法國接壤，西有納瓦拉（Navarra）、卡斯提亞與雷翁（Castilla y León），東有加泰隆尼亞（Cataluña），東南與瓦倫西亞（Valencia）為鄰。面積近五萬平方公里在中世紀時都是阿拉貢王國的統治區域。西元 1479 年阿拉貢王的費南多五世（Fernando V）與卡斯提爾王國的女皇伊莎貝爾一世（Isabel I）成婚，兩大諸侯合而為一，為日後西班牙的統一開啓新局面。

阿拉貢（Aragón）由北至南分成威斯卡（Huesca）、薩拉哥沙（Zaragoza）及特魯維爾（Teruel）三省。Zaragoza是阿拉貢區的首府，薩拉哥沙大學創始於15世紀，是西班牙著名的高等學府之一。薩拉哥沙市區位於埃布羅河畔（Río Ebro），羅馬時代的石橋經過整修擴建，仍可通車。河旁的畢拉聖母聖殿主教堂（Catedral-Basílica de Nuestra Señora del Pilar），大教堂四邊角上有巴洛克風格的高聳鐘塔。教堂內有數個聖壇，聖柱坐落在堂中主壇右側。柱頭立有一小型聖母畢拉像，著聖袍，每日會更換。

(七) 阿斯圖里亞斯（Asturias）

1. 阿斯圖里亞斯（Asturias）的基本資訊：

首府：歐比耶多（Oviedo）

人口：1,034,960 / 面積：10,604 km^2

省份：阿斯圖里亞斯（Asturias）。

農產品：蘋果樹（manzano）、栗樹（castaño）、松樹（pino）、橡樹（roble）。

美食：蘋果酒（Sidra）

有名人物：雷蒂西亞．奧爾蒂斯．蘿卡索拉諾（Letizia Ortiz Rocasolano）是現今西班牙國王菲利浦六世妻子，頭銜是阿斯圖里亞斯王妃（Princesa de Asturias）。

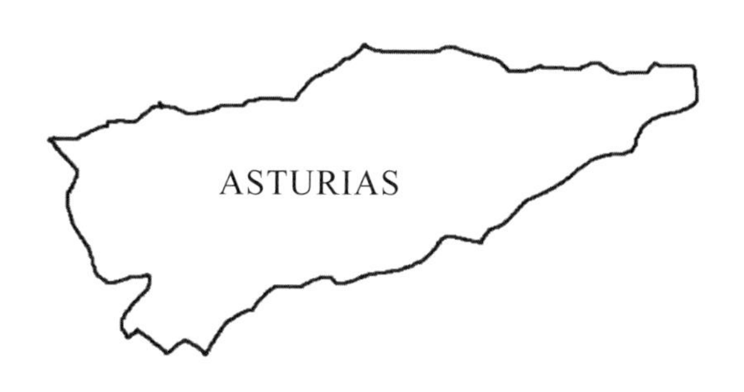

阿斯圖里亞斯（Asturias）僅有歐比耶多（Oviedo）一省，面積有一萬多平方公里，人口約一百萬。阿斯圖里亞斯的土地貧瘠，三面環山，平原極少，冬季多雪。雖以農產爲主，但產物不多。

8世紀摩爾人幾乎佔領整個伊比利半島，但始終無法拿下這一區。天主教徒以歐比耶多（Oviedo）爲首府，守住僅有的一塊天主教土地，也成爲日後復國的搖籃。

8世紀到10世紀初期，阿區是當時伊比利半島唯一獨立的基督教王國。當時此區是以西哥德王族的佩拉約（Don Pelayo）爲領袖，在此建立阿斯圖里亞斯王國，這成是日後卡斯提亞王國的前身。20世紀30年代，阿斯圖里亞斯曾發生過數次獨立運動，但都遭到中央政府的鎮壓。

5世紀，西哥德人在伊比利半島逐漸代替昔時羅馬帝國的勢力，成立王國，並尊奉基督教。西元711年，西哥德國王逝世，各城邦邦主抗命，並另立一公爵爲王。國王家屬遂向北非回族摩爾人求援：穆斯林軍隊擊敗叛變的公爵部隊，卻拒絕離境，並繼續併吞基督教各城邦，到了西元718年，基督教勢力僅餘下今之阿斯圖里亞斯區：並且遭回教摩爾人追逐，藏匿在此山區的西哥德族領袖佩拉約（Don Pelayo）祈禱聖母助民抗敵。據說聖母顯靈，自此基督徒連續打了數次勝仗。

2. 西班牙北部飲食

燉豆煲（Fabada）、奶油炒蝦仁蛋（Revuelto）、聖雅各扇貝（Vieiras de Santiago）、鑲蜘蛛蟹肉（Txangurro relleno）、紅椒捲（Pimientos rellenos）、烤龍蝦（Langosta a la parrilla）、鑲茄子（Berenjenas rellenas）、都門貝特砂鍋（Tumbet）、達蘭波披薩（Coca de trampó）、螺紋糕餅（Ensaimada）。

燉豆煲（Fabada）是阿斯圖里亞斯（Asturias）一道以白豆爲主的菜餚，加上血腸、臘腸、燻肉一起烹飪而成的料理。

西班牙蛋餅是西班牙人的家常菜，也可以當作點心。主要食材以馬鈴薯、雞蛋、洋蔥，橄欖油烹製而成。它與台灣的蛋餅不一樣，西班牙蛋餅是用較深，有把手的圓鍋去煎烤。等蛋餅煮熟成形後，再倒到圓盤。最後像切蛋糕那樣，按人數多寡切想要份數。

西班牙油條（Churros），常聽到有人叫它吉拿棒，是西班牙人早餐十分常見的一個餐點。最常見的 churros 是兩端交接呈水滴形狀，有人說是因為馬可波羅將油條傳入歐洲時，並沒有學到如何拉長油條下油鍋炸。油炸後夾起放到餐盤，撒上糖粉，咬下去輕盈爽脆。如果有一杯熱咖啡或巧克力，會將油條沾上熱飲吃。這習慣很像我們拿著燒餅油條沾豆漿一起吃。

五、中部西班牙

(一) 馬德里（Madrid）

1. 首先我們先認識馬德里（Madrid）的基本資訊：

首府：馬德里（Madrid）

市內人口：大約 3,500,000；都會區：6,700,000 / 面積：7,995 km^2

省份：馬德里（Madrid）

自治政府：馬德里政府（Gobierno de la Comunidad de Madrid）

產品：服裝（ropa）、汽車（automóviles）、家俱（muebles）、書（libros）、穀物（cereales）、茴香（anís）、酒類（vino）、化學產品（productos químicos）。

美食：(1) 馬德里佳餚（cocido madrileño）食材包括：雞（gallina）、鷹嘴豆（garbanzos）、燜肉（carne guisada）、培根（tocino）、血腸（morcilla）、卷心菜（repollo）。(2) 馬德里牛（羊）肚（callos a la madrileña）食材包括：大蒜（ajo）、洋蔥（cebolla）、牛或羊

肚（callos）、蕃茄（tomate）、韭菜（puerro）、月桂樹葉（hoja de laurel）、燻腸（chorizo）、血腸（morcilla）。

節慶：(1) 聖倚西多節（San Isidro）（5 月 15 日），是首都最重要的節慶。當天主要舉辦鬥牛、露天的音樂會表演、歌劇演出或手工藝展覽。(2) 跨年夜（Nochevieja）按傳統，人們會聚集在太陽廣場（La Puerta del Sol）前，午夜凌晨伴隨著十二聲鐘響，大家一起吃十二顆葡萄（Uvas），喝香檳（Cava），彼此祝福，希望來年一切順心如意。

有名人物：塞凡提斯（Miguel de Cervantes y Saavedra），出生在阿爾卡拉，他寫的唐吉歌德（*El ingenioso hidalgo Don Quijote de la Mancha*）騎士小說是西班牙最重要的文學作品之一。羅培・得・貝卡（Lope de Vega）和佛朗西斯哥・得・奎貝多（Francisco de Quevedo）兩位 16、17 世紀黃金時期（Siglos de Oro）最具代表性的戲劇作家。

馬德里位於西班牙中部，幾乎是伊比利半島的中心點；海拔 668 公尺，是歐洲最高的首都。回顧歷史，西元 8 世紀 711 年後爲回教徒佔領，稱此區爲馬德雷特，直到 11 世紀，基督徒才奪回此城。15 世紀，西元 1469 年，半島上的卡斯提亞（Castilla）及阿拉貢

（Aragón）兩大基督王國合併，至西元 1492 年收復最後的格蘭納達（Granada），同年發現新大陸，統一後的西班牙開始興盛。當國王費南多（Fernando）過世，傳位其孫卡洛斯一世（Carlos I），這位哈布斯堡家族的繼承人，亦將奧地利、南德意志及尼德蘭併入西班牙版圖，國力更強盛。其子菲利浦二世（Felipe II）在 1561 年遷都馬德里，人口僅一萬五千人，但其規劃的市區建設，已具大國首都的樣貌。

馬德里在政治上的重要性始於 16 世紀西班牙國王菲利浦二世遷都於此，馬德里逐漸發展成爲歐洲的大城。現在馬德里區近八百平方公里，人口已超過五百萬，馬德里是西班牙的第一大城，亦是該國政經文化交通的中心。

1808 年法國入侵，拿破崙立其兄荷西（Joseph Bonaparte）爲西班牙國王，但馬德里市革命浪潮四起，這場戰爭打到 1814 年，藉著英軍的協助，終於將法國勢力逐出西班牙。普拉多美術館中陳列哥雅（Goya）的 1808 年 5 月 2 日和 1808 年 5 月 3 日二幅油畫作品，清楚描繪這場犧牲了千餘人的街頭巷戰。

在馬德里逛街，可以體會到這幾年來西班牙商業的繁榮、經濟的發展，但亦可感到嚴重的社會問題：物價高昂、交通紊亂、治安不佳。小偷扒手多，年輕人吸毒，有錢人奢侈浪費，街道上不時可見到乞討的流浪漢，高居不下的失業率，每年都有數百萬人靠救濟度日，或領失業金，靠政府補貼者。

2. 歐洲之門（Puerta de Europa）

實際名字爲 Torre Kío，科威特投資局於 1990 年到 1996 年興建。建築物高 114 公尺，26 層。每座建築物傾斜 15 度角，爲世界第一座傾斜的摩天大樓。站在底下抬頭向上看，會感覺整棟建築往你臉上壓下來。歐洲之門位在卡斯提亞廣場（Plaza de Castilla），這是一個地鐵和公車轉運站。在地形上位於馬德里最高處，若從 Paseo de la Castellana 大道走來，兩棟相向傾斜的建物遠看像是兩排手舉長劍交叉列隊歡迎的儀式，從這裡進來就是歐洲了。

3. 西班牙廣場（La Plaza de España）

西班牙廣場（Plaza de España）跟主廣場（Plaza Mayor）一樣是有歷史價值，紀念意義的廣場。她緊接在西班牙皇宮旁，廣場內是一方形水池，水裡倒映著唐吉歌德（Don Quijote）和他的僕人桑丘（Sancho Panza）的銅像。唐吉歌德騎著瘦馬，手執長矛，桑丘戴著斗笠，背著盾，騎著驢子。兩人身後是創作他們的主角塞凡提斯（Cervantes），高高地端坐在上。三個人的身後是 117 公尺高的西班牙大廈（Edificio España），建於 1953 年，左邊是 142 公尺高的馬德里塔（Torre de Madrid），建於 1957 年。

塞凡提斯和他小說裡的兩個主角在西班牙廣場的景象，讓我們思索作者想要表達的意念：瘦骨嶙峋的唐吉歌德坐在瘦馬上，拿著長「矛」勇敢地刺向不可知的未來，而圓胖的桑丘背著「盾」牌像是捍衛著過去不能割捨的包袱。正是這矛與盾編織了西班牙的歷史與文明，看是充滿矛盾，卻不失調和互補。人類的文明一直以來不就是在這種矛盾中匍匐前進。

4. 太陽廣場（La Puerta del Sol）

廣場上有一隻熊雙腳站立爬野梅樹的雕塑，這是馬德里的象徵。太陽廣場又稱太陽門，這裡是馬德里的老市區，此處交通繁忙，公路四通八達，有如巴黎的凱旋門，街道以此為中心向各方輻射。計算路程往往以太陽門作為起點。馬德里市政府門口前有一個零公里的標誌，西班牙公路都從這個中心點開始計算里程，並呈放射狀向四處伸展開來。

太陽廣場亦如紐約的時代廣場，每年除夕，人們歡聚在此，等著廣場市政府頂樓的大鐘，午夜凌晨 0 點，開始敲響十二聲鐘響，不論是現場或是電視直播，大家伴隨十二聲鐘響吃十二顆葡萄，迎接新的一年。這裡也是百貨商店、旅館、餐廳、地鐵、巴士的轉運站。

5. 主廣場（La Plaza Mayor）

首都馬德里的中心廣場，臨近太陽門，修建於哈布斯堡王朝。17 世紀的初期建築，有十座拱門，進出這長方形的大廣場，四周的拱廊、高樓、鐘塔、陽台、拱門等等都是藝術佳品。廣場周圍有四層樓的建築團團圍住，僅可由拱門進出。其形狀爲長方形，長 129 公尺，寬 94 公尺，周圍環繞著三層住宅樓，有 237 個面臨廣場的陽台。在拱廊之下排列著許多店舖，主要銷售各種織物、服飾和紀念品。主廣場的起源可以追溯到 1589 年，菲利浦二世（Felipe II）要求著名的文藝復興建築師 Juan de Herrera de Maliaño，打掉舊廣場並提出改建計畫，1590 年建築師 Diego Sillero 建造主廣場的第一棟建築麵包房之家（Casa de la Pnadería）。1617年菲利浦二世（Felipe III）任命 Juan Gómez de Mora 繼續主廣場（Plaza Mayor）的建設，1619 年完成。今天的主廣場（Plaza Mayor）是在 1790 年大火之後，建築師 Juan de Villanueva 受命重建的作品。廣場上最有名的建築是馬德里遊客中心所在的麵包房之家（Casa de la Panadería）。這是一棟 20 世紀風格的建築，裝飾了許多和馬德里歷史有關的神話人物圖像。國王菲利浦三世（Felipe III）騎馬雕像是 Juan de Bolonia y Pietro Tacca 在 1616 年已先製作完成，但是直到 1848 年才放置到廣場中央。

主廣場幾個世紀來曾經作爲市場，鬥牛活動表演，祈禱遊行，馬德里的守護聖人（patrón）聖倚西多（San Isidro）的慶典，也是在這裡舉行。甚至當初西班牙天主教國王（Los Reyes Católicos）設立宗教法庭，審判他們眼裡的異教分子也在此處死。

如今的主廣場（Plaza Mayor）每年吸引成千上萬的遊客，它的拱廊是一間又一間的商店、餐廳、酒吧、賣紀念品店、旅遊咨詢服務處等等。廣場連拱廊下的騎樓幾百年來始終都是石頭鋪的路，每到週六週日就聚集了無數人潮，熙熙攘攘，或是坐在露天咖啡座，吃吃點心（tapas），品酒喝咖啡，休息曬曬太陽，欣賞麵包房之家（Casa de la Panadería）外牆上的壁畫，或是走走看看廣場上那些畫家當下替客人畫素描，卡通人臉，每件作品總能吸引人們品頭論足一番。聖誕節期間，從太陽廣場一路過來每條街道小路更是擠得水泄不通，廣場上會有很多搭棚的商店，出售各種與耶穌降生有關的模型飾品。

廣場一角的「刀匠門」（Arco de Cuchilleros）是 1790 年火災後重建。拱門外的兩面牆相交形成有如鋒利的刀刃。這裡曾有許多刀匠鋪子，廣場上有個「肉鋪之家」（Casa de la Carnicería）。由刀匠門往南走，可遇到假日才有的跳蚤市場，多是賣古董，許多阿拉伯風的物品。

6. 藝術三角（El triángulo del arte）

(1) **普拉多博物館**（Museo Nacional del Prado）是西班牙新古典主義風格的代表。這是一座長型的建築，主體由三部分構成。北部的圓亭是由愛奧尼亞風格的美麗柱子撐起的拱形建築，南部和植物園相連，中部的建築風格使人聯想到羅馬教堂。收藏作品以哈布斯堡及波旁兩王朝所收藏者爲其主體，此外不斷增購或接受各方人士之捐獻，件數逐漸增加，目前已擁有 3000 件以上珍貴作品。Goya 作品最多，油畫 114 件，素描 470 件，當中以「裸體的瑪亞」、「穿衣的瑪亞」以及「卡洛斯四世一家」最出名。

(2) **蘇菲亞皇后藝術中心**（Museo Nacional Centro de Arte Reina Sofía）是由醫院改建而成的現代藝術館。外牆有兩架透明的電梯可俯瞰周邊都市景觀，許多人到此排隊就是爲了觀看畢卡索（Picasso）最著名的巨幅作品《Guernica》。館內主要是收藏 20 世紀的藝術作品。畢卡索（Picasso）1937 年的畫布《Guernica》，351×782 cm，描繪內戰時格爾尼卡小鎮遭受到納粹的轟炸後，有如人間煉獄般的景象。畢卡索採用灰暗的色彩，加上立體主義的手法，不論是人或動物哭泣、痛苦、掙扎的表情充滿整個圖畫。

(3) **蒂森·博內彌薩博物館**（Museo Thyssen-Bornemisza）是世界上幾個最重要的私人收藏博物館。館內收藏了 800 多件大師像是哥雅（Goya）、梵谷（Van Gogh）、高更（Ganguin）、康丁斯基（Kandinsky）等等他們的作品。

7. 希伯來女神廣場（Plaza de Cibeles）、自由女神（Pasarela Cibeles）

希伯來女神廣場 Plaza de Cibeles，位在希伯來宮（Palacio de Cibeles）前，原本是郵政總局，2007 年已遷往別處，現在這裡是馬德里市議會的所在地。希伯來女神廣場是十字路口的圓環，從設計上看，她是一個圓形噴水池，噴泉希伯來女神坐在兩頭獅子拉的車上四輪車上。國王卡洛斯三世（Carlos III）熱愛噴泉。馬德里處處可見噴水池，希伯來女神噴泉廣場，亦是圓環，坐落在普拉多大道 Paseo del Prado 的起點。1782 年建成後，也成爲了馬德里城市的地標。曾經有一年皇家馬德里足球隊（Real Madrid）踢贏了歐洲盃，當他們的車隊來到希伯來噴泉，這些足球選手慶祝他們的勝利，跳進噴泉裡。不過隔日就受到媒體的譴責，認爲他們做了錯誤的示範。爲此足球隊也表示歉意。另一頭是西班牙銀行（Banco de España），位在阿爾卡拉街（calle de Alcalá）和普拉多大道（Paseo del Prado）交接處的三角窗，一邊延伸下去就是太陽廣場（Puerta del Sol）、主廣場（Plaza Mayor）；另一邊走去一路上有普拉多美術館（Museo del Prado）、綠蒂蘿公園（Parque del Retiro），阿多恰車站（Estación de Atocha）。

8. 阿爾卡拉拱門（Puerta de Alcalá）

希伯來女神廣場之東是獨立廣場，場內宏偉的阿爾卡拉拱門（Puerta de Alcalá），正好對著綠蒂蘿公園（Parque del Retiro）的西北大門，位在路口，來往車流行人如潮，旁側比連的古建築，例如幾個像戴著皇冠的鐘樓頂塔，三層石砌的郵政大樓，亦成爲馬德里之一景，不分日夜經過，總有人們在此駐足瞻仰，欣賞噴泉雕塑、宏偉大樓。

9. 國際博覽會、世界展覽館（Las ferias internacionales）

國際博覽會主要有三個，分別是：(1)Fitur：觀光旅遊展，通常在一月舉辦。(2)Arco：現代藝術展，二月舉辦。(3)Simo：電腦資訊國際展。

10. 哥倫布廣場（Plaza de Colón）

建於 1885 年的哥倫布紀念碑上，哥倫布的雕像站立在高 17 公尺的圓柱頂部，面向西方大西洋，那是他出發航向美洲新大陸的方向。右手握著旗幟，腳邊的繩索套在一根柱子上，上面有一顆地球儀，正好頂著旗幟竿。廣場其實是一個公車和地鐵轉運站，以前地鐵尚未開通到馬德里機場 Barajas 時，人們會來這兒搭機場線巴士。

哥倫布廣場的設計非常有創意。他的雕像像是矗立在一個升起的舞台上，過往的人們可以從平台和地面的落差高度看到舞台的下方其實就是巴士的轉運站。雕像矗立的平台一旦開啓水流，轟隆隆的水聲向四方瀉下，遠遠看像是瀑布潺潺流下。奇特的是如果從裡面的巴士站向外看，感覺好像是身處在水簾洞瀑布裡。這個場景像是西遊記裡孫悟空的水簾洞天，一個世外桃源。

11. 綠蒂蘿公園（El Parque del Retiro）

馬德里市區最大的公園，16 世紀建造時曾是皇室的離宮，行獵之地，直到 19 世紀才開放給市民，成爲休憩的公園。馬德里人重視休閒生活，每逢週六週日假期，公園裡的人來人往，有散步蹓狗的，騎腳踏車的、跑步的、園內空地上也見擺攤算命的，還有賣藝的扮著小丑、耍把戲、唱歌、不時聽到有人演奏小提琴、鋼琴加舞蹈表演，遊客歡呼鼓掌，花樣繁多，熱鬧不已。若你想尋找片刻寧靜，遠離人群，可獨自走在公園裡的每條小徑，園內樹木高聳入雲。若時間夠，有閒情逸致還可去湖上泛舟搖槳，湖中立著阿爾豐索十二世（Alfonso XII）的戎裝騎馬像，身旁有數頭雄獅陪伴。也可以坐在岸邊的咖啡屋，或坐在樹蔭下休憩，看看湖中成群的游禽嬉水，小舟上相依偎的戀人，眞是令人陶醉的悠閒生活。

12. 凱旋門（Arco de la Victoria）

這座紀念碑也被稱爲 Moncloa，由獨裁者佛朗哥於 1956 年建造。它是爲了紀念法西斯在西班牙內戰中對共和國取得勝利。然而，這是西班牙人民爭議的原因。西班牙社會的一些團體聲稱該紀念碑應該被摧毀或者銘文應被刪除。

13. Moncloa 燈塔（Faro de Moncloa）

全名是《La Torre de Iluminación y Comunicaciones del Ayuntamiento de Madrid》，大家熟悉的名稱是 Faro de Moncloa。燈塔高度全長 110 公尺。Moncloa 環形瞭望台的塔高 92 公尺，建於 1992 年。對外開放時間爲星期二至星期日 9：30-20：00。購票後即可乘電梯升至 Moncloa 燈塔的觀景台。最後一班電梯時間是 19：30。站在環形落地的玻璃窗前，整座城市的景色盡收眼底，有美洲博物館，馬德里大學校長辦公建物，六號國道，馬德里大學各個學院，Moncloa 地鐵站，空軍總部，百貨公司 El Corte Inglés，皇宮、聖母主教堂、電信大樓、遠方瓜達拉瑪山脈的景色。

14. 皇宮（Palacio Real）

皇宮（Palacio Real）是歐洲第三大皇宮，建於 18 世紀中葉卡洛斯三世（Carlos III），是波旁王朝（La Casa de Borbón）代表性的建築，一直到 1931 年都是皇室的住所，今天只被用來做正式的官方接待。內牆上有美麗的刺繡壁畫，令人目眩神迷的天花板也是大師筆下美妙的繪畫。皇宮佔地面積之大與華麗奢侈之程度僅次於凡爾賽宮及維也納的皇宮。宮殿有 1800 個房間，皇宮週邊是公園及廣場。雖說是國王的正式駐地，西班牙老國王璜・卡洛斯（Juan Carlos）和現今菲利浦六世（Felipe VI）及其皇室成員都不住在皇宮，而是住在馬德里郊外的沙蘇維拉皇宮《Palacio de la Zarzuela》。馬德里王宮用於國事活動，通常會用馬車，儀隊盛大歡迎來訪的元首或是皇室等重要官員。週日會開放皇宮讓民眾買票進入參觀，但僅限宮內幾處。

馬德里其他值得一遊的景點簡述如下：

15. 溫室玻璃宮（Palacio de Cristal）

這是一座 19 世紀初打造的巨型玻璃溫室，從外即可看到裡面栽培的植物，主要是從自菲律賓引進的熱帶植物。

16. 田園之家（Casa de Campo）

過去是皇家狩獵場，直到 1931 年第二共和（La Segunda República）時期開放給民眾進入。1936 年－1939 年內戰（Guerra Civil）期間，田園之家（Casa de Campo）是馬德里圍城戰的前線。面積達 1700 多公頃，內有遊樂園和動物園。把她稱爲田園就是將這兒盡可能保護得像是野生環境，人們在此踏青可以看到不同種類的野生鳥類、松鼠、野兔等等，還可以乘坐空中纜車將田園之家盡收眼底。

17. 艾斯科里亞修道院（El Monasterio del Escorial）

是菲利浦二世在位時下令建造的，它同時是一座修道院、皇宮，還有皇室的墓園。裡面有圖書館、博物館，還有好幾間大廳陳列著哈布斯堡王朝（La Casa de Habsburgo 或稱爲 Casa de Austria）時期最重要的藝術作品。

18. 阿爾卡拉・得・艾納雷斯（Alcalá de Henares）

這座城市的歷史和它的大學息息相關。阿爾卡拉大學建造於 15 世紀，培育了許多政治或文化領域重要人物，如塞凡提斯。有西班牙語世界的諾貝爾文學獎之稱的「塞凡提斯獎」，就是在阿爾卡拉大學由西班牙文國王親自頒授，引領西班牙文化潮流。

19. 阿朗胡維茲皇宮（Aranjuez）

它位在馬德里的郊區，從 18 世紀開始就是西班牙國王休憩的皇宮。這裡最著名的就是皇宮巴洛克建築風格，還有它的花園給了西班牙音樂家很大的靈感，創作了 Aranjuez 這首優美的曲子。

馬德里整座城市有古老的建築物風格，也有現代的摩天大樓，是整個西班牙國家人口最多的城市。整座城市交通方便，幾乎任何地方都可以搭乘地鐵到達，而且地鐵他們自己很自豪的說是用最便宜的方式建造起來，最好的地鐵。地鐵票很便宜，買了一張票進去可以一整天在地鐵站裡轉悠不出來。因此很多街頭賣藝的人會拎著吉他，或是樂器在每個車廂演奏，唱歌，掙零用錢，賺生活費。冬天天氣很冷的時候，馬德里市政府也會開放幾個地鐵站，讓街道遊民下去睡覺，避免在街上凍死。商家咖啡廳，特別是露天咖啡，在每個廣場周圍到處可見。整個馬德里充滿了活力，不僅是商業的中心，也可謂是文化藝術之都，因此說來到馬德里就像是踏上通往天堂之路。

(二) 卡斯提亞．拉．曼查（Castilla La Mancha）

1. 首先我們先認識卡斯提亞．拉．曼查（Castilla La Mancha）的基本資訊

首府：多雷托（Toledo）

人口：2,035,000 / **面積**：79,463km^2

省份：阿爾巴塞特（Albacete）、雷阿爾城（Ciudad Real）、昆卡（Cuenca）、瓜達拉哈拉（Guadalajara）、多雷托（Toledo）。

自治政府：卡斯提亞．拉．曼查自治管理委員會（Junta de Comunidades de Castilla La Mancha）

農產品：豆類（legumbres）、肉（carnes）、火腿（jamón）、乳酪（queso）、酒（vino）。

美食等產品：乳酪（queso manchego）、大蒜（ajo）、番紅花（azafrán）、茄子（berenjena）、蜂蜜（miel）、葡萄酒（vino）、小刀（navajas）、家具（muebles）、陶器（cerámica de Talavera）、金銀鑲嵌（damasquinados）、蕾絲（encajes）和刺繡（bordados）。

美食：(1)《Pisto manchego》用辣椒、蛋、洋蔥等油炸成的一道菜餚，食材有青椒（pimientos verdes）、蕃茄（tomates）、西葫蘆（calabacín）、和洋蔥（cebolla）。(2) 燜燉煮紅腿雞肉《Perdiz estofada》食材有醋（vinagre）、大量洋蔥（abundante cebolla）、香草（hierbas aromáticas）、蒸熟的馬鈴薯（patatas al vapor）。

節慶：多雷托（Toledo）城的基督聖體節（Corpus Christi）：這個宗教慶典是在耶穌復活後的第六十天舉行。節慶是紀念葡萄酒和麵包變成耶穌的身體和血。慶典中取出聖體龕（custodia），這是一個聖器皿（recipiente sagrado），裡面裝著象徵耶穌身體的聖餅（hostia）。在多雷托（Toledo）城市街道、牆上、陽台會用花、旗幟和地毯裝飾。在卡姆聶斯（Camuñas）小鎮，會有舞者參與聖體節（Eucaristía）慶祝。他們分成兩組，一組扮演美德的化身，另一組則是罪惡的化身。罪惡者在教堂前手拿著木棍敲地面喊叫著。最終他們帶著聖體龕進入教堂參加彌撒，結束前在祭壇前作一舞蹈表演。

有名人物：阿爾莫多瓦（Pedro Almodóvar）是著名的電影導演。葛雷格（Greco）畫家。唐吉歌德（Don Quijote）是塞凡提斯（Cervantes）筆下的小說人物。

卡斯提亞（Castilla）主要分成三個自治區，由北向南分別是卡斯提亞與雷翁（Castilla y León）、馬德里（Madrid）及卡斯提亞·拉·曼查（Castilla la Mancha）。中世紀時，卡斯提亞王國的右邊就是阿拉貢（Aragón）王國。兩大諸侯在 15 世紀聯姻，合併成爲西班牙，卡斯提亞。卡斯提亞·拉·曼查（Castilla la Mancha）面積近八萬平方公里，人口約有二百多萬，包括多雷托（Toledo）、雷阿爾城（Ciudad Real）、阿爾巴塞特（Albaceta）、昆比（Cuenca）及瓜達拉哈拉（Guadalajara）等五省。多雷托（Toledo）是首府。中世紀（Edad Media）時這裡是卡斯提亞王國的舊地。

Castilla 字面上是城堡意思，在卡斯提亞·拉·曼查（Casatilla La Mancha）與卡斯提亞與雷翁（Castilla y León）沒有一個城市裡沒有城堡。衍生出西班牙語 español 是城堡裡人說的話，castellano 是另一個同義詞。麥西達（Meseta）中央高原，是伊比利半島最顯著的地形，總面積超過二十萬平方公里，平均海拔七百公尺；高原中部還有多雷托山地（Montes de Toledo），中世紀的卡斯提亞與雷翁和拉·曼查兩地區就以此自然地形作爲分界。

塞凡提斯（1547-1616）寫的《唐吉歌德》這部西班牙經典文學，故事裡兩個主角唐吉歌德和桑丘，一個是有崇高理想，羅曼蒂克，不切實際，卻很執著勇往直前的人。另一個是腳踏實地，憨厚樸實，有點愚蠢卻很實際的人。兩人看似矛盾，有著強烈對比性格，但是塞氏筆下的他們卻讓我們窺見世間百態，萬物在這世間再怎麼不一樣，能夠和平共處是一種境界，一種平衡。

卡斯提亞・拉・曼查（Castilla La Mancha）在伊比利半島的中央有大和河（río Tajo）流過。望眼這片遼闊土地盡是黃褐色的田野景色，風車（molinos de viento）、城堡（castillo）點綴其間，還有舊城鎮、小鎮。拉・曼查平原有著世界上最大面積的葡萄園。

在 9 世紀和 12 世紀光復運動（reconquista）期間，地理位置上與阿拉伯穆斯林區相鄰，因此在這兒建造了大量的城堡和要塞。在多雷托城（Toledo）可以看到幾個世紀以來基督教、猶太教和阿拉伯文化和平共處，特別是在建築方面，展現出來的是融合的建築風格。

說到卡斯提亞的風景，風車（molinos）是最能代表這個地區的景物，也可以說是卡斯提亞的象徵，它同時也是唐吉歌德小說裡主人翁的假想敵人：巨人。有趣的是這些在拉・曼查平原上的風車，它們之中許多竟用小說裡的人物名字來命名。

曼查乳酪（Queso manchego）的製作和消費可以追溯到西元前幾個世紀。由於卡斯提亞・拉・曼查的極端氣候和嚴峻環境，曼查乳酪只在此地產出，主要是來源是查綿羊（oveja）的乳奶。生產製造遵循著古法或工業化的製程。

卡斯提亞・拉・曼查有著非常古老傳統的手工藝（artesanía），最有名的就是位於 Talavera de la Reina 的陶瓷製品；阿爾巴塞特省（Albacete）的折刀（navajas）；阿爾馬格羅（Almagro）的蕾絲線軸（encajes de bollios），線的零件；在多雷托的金銀鑲嵌術（damasquinado），這是一種把黃金或銀嵌入其他的金屬像是銅（cobre）、鐵（hierro）和鋼（acero）的技術。

葡萄酒卡斯提亞·拉·曼查約有 70,000 公頃的土地種植葡萄（vid）。可以說幾乎一半的耕種面積投入於葡萄的生產。葡萄園區（región vinícola）的主要城市是巴爾德貝那斯（Valdepeñas），在這裡有這世界上最大面積的葡萄園種植。在他們生產的葡萄酒中最著名的有 Valdepeñas、Almansa。

阿爾巴塞特省（Albacete）面積近一萬五千平方公里，由馬德里向東南行約二百公里可達，乾旱，利用運河灌溉，省內出產小麥、葡萄、橄欖、番紅花。瓜達拉哈拉省（Guadalajara）山多地瘠，天氣乾燥，約有一半是不毛之地。

2. 多雷托（Toledo）

多雷托（Toledo）位於卡斯提亞·拉·曼查（Castilla La Mancha）的北部，西元前羅馬人就來到這兒，7 世紀時西哥德人（Visigodos）定都在此。多雷托（Toledo）省人口近五十萬人，與省同名的多雷托（Toledo）市人口約八萬。多雷托（Toledo）亦是卡斯提亞·拉·曼查（Castilla La Mancha）的首府。4 世紀羅馬帝國衰落，伊比利半島的統治由來自歐洲南部的西哥德人所取代。6 世紀中葉，西哥德王萊奧維吉爾德統一半島，建立王朝，定天主教為國教，遷都多雷托（Toledo），按當時居民人口數儼然是半島中部第一大城。多雷托（Toledo）城位置地勢險要，有天然的護城河大和河（Tajo）環繞，依山據為天險，地形上進可攻退可守。城內以生產製造兵器、寶劍、刀刃有名。

阿爾卡拉城堡（Alcázar de Toledo）

阿爾卡拉城堡（Alcázar）是一座石砌城堡，位於多雷托（Toledo）市的最高處。3 世紀曾為羅馬宮殿，卡洛斯五世（Carlos V）和菲利浦二世（Felipe II）定都在此。這是一座 16 世紀的建築，裡面的格局雖然只有四層樓高，但每層樓挑高，走進去可以清楚感受到寬闊的空間。建築物的四角各有尖頂形的鐘樓建築。外觀是褐色的牆、灰色的瓦頂，遠看整個建築坐落在山頂，是大教堂外，多雷托（Toledo）城最顯著的地標。

在西班牙內戰（Guerra Civil Española）期間 1936-1939，José Moscardó 上校將此城堡當防守據點，抵抗西班牙第二共合國軍隊的進攻。共和黨人威脅將殺死 José Moscardó 16 歲的兒子 Luis，強迫他投降，但遭到拒絕，期間共合黨讓他們父子通電話，José Moscardó 電話裡跟他兒子 Luis 說，將心魂交給上帝，勇敢赴死。Luis 遂遭槍殺。這段對話至今在一個房間反覆播放，旁邊還有多個語言譯文。從 1936 年 7 月 22 日到 9 月 27 日第二共合國軍隊總共圍城 70 天，最後由國民軍的將領 José Enrique Varela 結束。第二天最高指揮官佛朗哥（Franco）將軍入城。

現在的城堡幾乎是重建後的面貌。圖書館 Biblioteca de Castilla-La Mancha 和軍事博物館 Museo del Ejército 設於其內。內戰使得阿爾卡拉城堡（Alcázar de Toledo）建築成爲西班牙民族主義的象徵。

多雷托（Toledo）市位於大和河（Tajo）右側的山頂處，海拔 100 多公尺。幾個世紀來，天主教徒、猶太人和阿拉伯人都是這裡的居民。城堡外有紀念碑。摩爾人在此留下不少遺跡，多雷托（Toledo）的城門、城牆、教堂等建築在基督徒收復該城後，雖有修改，但仍保存濃厚的摩爾人回教建築風格。城市是山勢地形，多岩石，街道狹窄，仍是石塊路。想到大教堂就得上坡下行經過彎曲的窄巷。

多雷托（Toledo）大教堂是 13 世紀哥德式建築，高聳的鐘樓加上尖塔，高度達 40 多公尺，教堂建築上方還有許多小尖塔。教堂佔地面積長 120 公尺，寬 59 公尺，內部可見上百根高大巨柱支撐彩繪的窗戶，是教堂最美麗的地方之一。教堂兩旁的窗戶也是由彩繪玻璃組成的，畫面以聖經故事爲題材。石柱牆上的花卉雕刻、祭壇的金鑄、聖母的雕塑、唱詩席位的木刻都十分精緻，還有中世紀有名的畫家葛雷格（Greco）的作品。教堂內的聖體龕（Custodia de la Catedral de Toledo）是在彌撒以外的時間安放基督聖體的禮儀道具。聖體龕也能提供一個固定位置讓教友在聖堂內朝拜聖體之用，及在特殊情況下取出分配給教友，例如臨終聖體。

葛雷格（Greco），希臘人，在多雷托（Toledo）城住了近四十年。最初作品，用色鮮明，威尼斯派的風格，之後他改變了畫風，以灰暗，冷峻的色調替代初期鮮明的色彩，作品裡的人物畫得瘦長，看起來畫面像是失去平衡，但這也是他作品的特徵。他被認定爲中世紀偉大的神秘主義畫家。

建築材料上，摩爾人喜歡用磚牆，卡斯提亞人偏好使用石砌，在多雷托（Toledo）城卻可以看到這兩種建築風格同時存在。主教堂是昔日摩爾人的清眞寺，高聳的塔尖就是從前回族的祈禱塔改建而成。葛雷格（Greco）在教堂的展品都是以聖經爲題材，畫像中人物，身形修長，與眞實人物的大小有些差距，但卻能在畫面上表現出人們的靈性與感情。據說大教堂在 6 世紀西哥德王國（Visigodos）就開始建造，8 世紀摩爾人將教堂改建成清眞寺。基督徒收復後，又改建爲天主教堂，同時加以擴建。這也可以看出西班牙人在建築的態度上是包容的，並沒有去破壞收回土地上的清眞寺，也因此至今才有這麼多吸引人的歷史景點。

3. 昆卡（Cuenca）

昆卡城與省同名，舊城外三面環水，一面依山雄踞，是一座天然的城堡。由於城區地窄人多，爲了築屋只好向山坡用地，也因此峭壁上的懸崖屋子成了吸引觀光客的景點。

昆卡城（Cuenca）的歷史和 14 世紀建築在斷崖邊的懸掛房子（casas colgadas），被「聯合國教育科學及文化組織」UNESCO 列爲人類遺產，是受到保護的城。這些令人眼見心驚懸在斷崖邊的房子，房前有著木造欄杆的陽台，其中最著名的是國王之家（Casa del Rey），裡面的博物館收藏著西班牙最好的抽象派藝術家的作品，例如：Tàpies、Chillida、Fernando Zóbel。在昆卡城裡的古老城鎮，可以看到建造於 12 世紀和 16 世紀之間的大教堂。教堂裡面可以看到大祭壇（altar）和神殿（capillas）。

(三) 卡斯提亞與雷翁（Castilla y León）

1. 首先我們先認識卡斯提亞與雷翁（Castilla y León）的基本資訊：

首府：巴亞多利（Valladolid）

人口：大約 3,595,113 / **面積**：94,147 km^2

省份：阿比拉（Ávila）、布雷格斯（Burgos）、雷翁（León）、巴倫西亞（Palencia）、薩拉曼卡（Salamanca）、塞哥維亞（Segovia）、索利亞（Soria）、巴亞多利（Valladolid）、薩摩拉（Zamora）。

自治政府：卡斯提亞與雷翁政府（Junta de Castilla y León）

農產品：豆類（legumbres）、肉（carnes）、火腿（jamón）、乳酪（queso）、酒類有名品牌：Ribera del Duero, Toro y Rueda。

美食：烤羊肉（lechazo asado），食材包括未斷奶的小羊，豬油，鹽，湯汁用大蒜、辣椒粉調味，放上硬麵包。

節慶：聖人週（La Semana Santa）的宗教遊行活動在巴亞多利（Valladolid）和薩摩拉（Zamora）這兩個城市盛大慶祝，每年吸引了全世界觀光客的注目。遊行過程中人們伴隨著聖母瑪利亞和耶穌的轎子並肩步行。聖人週主要是紀念耶穌死而復生的宗教慶典。

有名人物：阿爾豐索十世（Alfonso X，西元 1252-1284）是卡斯提亞與雷翁的國王，被稱爲智者（el Sabio）。他把西班牙語定爲這區的官方語言，取代了拉丁文。另外，聖女泰勒莎（Santa Teresa de Jesús）和聖十字若望（San Juan de la Cruz）兩位神職人員代表著西班牙文學的巔峰。另一位重要作家是米格爾・戴利貝斯（Miguel

Delibes）。

卡斯提亞（Castilla）這個名字的由來應該是在阿拉伯統治期間，他們提供保護給那些在穆斯林地區建造城堡的人，還有那些在這片土地上耕種工作的人。歷史上有一個很著名的人物叫做席德（Cid），原名是 Rodrigo Díaz。他的故事可以從著名的史詩（Cantar de Mío Cid）聽到。這是第一首用西班牙語寫的史詩。在卡斯提亞與雷翁這塊土地上總是跟文學史息息相關，這塊土地蘊育了許多古典和現代偉大的文學作家，其中最有名的一位是安東尼亞．馬恰多（Antonio Machado），他最廣爲人知的作品是《Campos de Castilla》。

卡斯提亞與雷翁的歷史文化與文學及杜羅河（el río Duero）密不可分。這條河流發源於索利亞省（Soria），自東向西，流入葡萄牙，在歐波多城（Oporto）南注入大西洋。全長 897 公里。這條河流穿越了這個自治區許多地方，沿途的景色豐富迷人，從河邊的楊樹到果園，陡峭的坡地等等。

第一條歐洲文化之路（Primer Itinerario Cultural Europeo），同時是世界遺產（Patrimonio de la Humanidad）的聖地牙哥朝聖之路（Camino de Santiago），朝聖者來自不同的地區向西走到聖地牙哥。雖然有很多條可能的路線，但是主要的法國之路（Camino Francés）就是穿越卡斯提亞與雷翁這個地區裡的三個省份：布雷格斯（Burgos）、巴倫西亞（Palencia）、雷翁（León）。

2. 阿比拉（Ávila）

阿比拉省（Ávila）是卡斯提亞與雷翁（Castilla y León）最南邊的一省，老百姓大多務農，牧羊。省會阿比拉市與省同名，海拔一千多公尺，冬天嚴寒，夏天是避暑勝地。阿比拉城牆（muralla de Ávila）是中世紀以來保存最好的城牆。城內與城牆外仍保留幾個世紀以來的石路，遊客可搭乘小火車造型的觀光聯結車環城遊覽。

3. 索利亞（Soria）

索利亞市位在杜羅河畔（el río Duero），境內多山地丘陵，人口稀少，主要務農，其他如食品加工業、鋸木、製瓦等。這個城市因羅馬人的宗教藝術顯得格外重要，最有名的是修道院 San Juan de Duero，交錯的弓形石柱可以看到羅馬藝術深受阿拉伯藝術之風的影響。

4. 塞哥維亞（Segovia）

塞哥維亞是馬德里北部卡斯提亞與雷翁（Castilla y León）自治區的一省，省內多數爲海拔 700 多公尺的高地，人口約十五萬。其省會名稱也是塞哥維亞（Segovia），面積 6000 多平方公里，離馬德里市大約 78 公里。進入塞哥維亞市最先看到的是 1 世紀羅馬時代的輸水導牆（Acueducto）。

導水牆（acueducto）長達十餘公里，高約 29 層樓高，遠眺雄偉矗立，近看則令人屏息，無人見了不讚嘆這歷經 2000 多年仍屹立不搖的宏偉建築。建築的外觀是 100 多個石砌而成的拱門，牆柱是用花岡岩堆砌，因地形關係大多的拱門兩層，至今仍為城市輸送用水。

5. 布雷格斯（Burgos）

布雷格斯是卡斯提亞與雷翁（Castilla y León）自治區的一省，距離首都馬德里一百多公里。埃布羅河（el río Ebro）是伊比利半島第二長的河流，全長 910 公里，它和杜羅河（Duero）流穿布雷格斯省，所經河谷之地是西班牙重要的糧倉與釀酒鄉。

布雷格斯大教堂（La Catedral de Burgos）供奉聖母瑪利亞，建築風格深受法國哥德式風格的影響，宏偉的鐘樓尖塔有巴洛克式的華麗之風，與巴黎聖母院鐘樓看去相似。大教堂內葬著西班牙民族英雄席德（Cid）和他的夫人，至今流傳的一部中世紀史詩可以讓我們認識這位 11 世紀的傳奇人物。

1984 年 10 月 31 日，聯合國教科文組織將布雷格斯大教堂（La Catedral de Burgos）列為世界文化遺產。這是西班牙唯一一座單獨列為世界遺產的教堂。

6. 巴倫西亞（Palencia）

巴倫西亞省農作物以小麥、蔬菜、甜菜為主，田野則放羊，紡織的羊毛亦是產業之一。傳統工業有皮革、製酒、食品加工、煉鐵等等。

7. 巴亞多利（Valladolid）

北部西班牙人對中午休息時間較馬德里及南部人更注重。在卡斯提亞與雷翁（Castilla y León），幾乎從 2 點開始用餐，之後午睡 echar la siesta，突然整座城市寂靜下來，一直到四點半才又熱鬧起來。

8. 雷翁（León）

雷翁（León）位於西班牙麥西達高原（Submeseta）的西北部，艾斯拉河（el río Esla）是境內主要河流。老百姓多務農，礦產有煤、鐵、雲母等。雷翁大教堂是 13 世紀最具代表性的哥德式建築之一。

9. 薩拉曼卡（Salamanca）

薩拉曼卡省（Salamanca）地區乾燥少雨，農作物主要是小麥、甜菜。薩拉曼卡大學（Universidad de Salamanca）是歐洲有名的大學之一。這座大學是 13 世紀的建築，在歐洲可以說是最古老的學校之一。這個大學出了許多有名的人物，像是 16 世紀人道主義者 Fray Luis de León，還有 20 世紀初的作家和哲學家 Miguel de Unamuno。

10. 中部美食── 烤乳豬餐

中部著名的美食就是烤乳豬。在西班牙中央高原地區，人們會以橡樹果和栗子來飼養豬。這樣的豬，其肉質，味道鮮美，稱爲伊比利豬。在塞哥維亞（Segovia）著名的烤乳豬，是選用只有 3 個月大，還未斷奶的小豬。在烹調前，會將小豬浸泡在牛奶中，使其肉質入味，然後再經過幾個小時的烘烤。烤出來的豬，香脆柔嫩。當地有一家餐廳叫做 Mesón de Cándido，店家將烤好的肉豬上桌前，會先用小推車推到客人面前，然後手拿著圓形的瓷盤，直接在乳豬的身上切下前後三刀，一橫兩豎，把肉切開分成 6 塊，再送到客人的面前。當切好豬肉後，廚師會將瓷盤摔在地上，砸碎的碎裂聲，表示歡迎，但也驚嚇到在座的客人。

11. 其他中部美食

阿曼尼達沙拉（Amanida）、白豆黑香腸（Butifarra amb mongetes）、蒜頭烤嫩雞（Pollo al ajillo）、海鮮燒烤（Parrillada de mariscos）、肉派餅（Pastel de carne）、龍蝦烤嫩雞（Llangosta i pollastre）、蜜餞（Frutas escarchadas）。

雜燴（cocido）是馬德里最普遍的主食之一，主要是以傳統鷹嘴豆爲主，配上肉和蔬菜烹製而成。

六、東部西班牙

西班牙東部由北而南三個自治區分別是加泰隆尼亞（Cataluña）、瓦倫西亞（Valencia）、穆爾西亞（Murcia），它們都在東部海岸線上，面臨地中海。還有一個自治區，巴利亞里斯群島（Islas Baleares），位在伊比利半島東面，四周地中海包圍著。

(一) 巴利亞里斯群島（Islas Baleares）

1. 首先我們先認識巴利亞里斯群島（Islas Baleares）的基本資訊：

首府：巴爾瑪・得・馬尤卡島（Palma de Mallorca）

人口：745,000／**面積**：5014km^2

省份：馬尤卡島（Isla de Mallorca）、梅拿卡島（Isla de Menorca）、伊比莎島（Eivissa）、福門德拉島（Formentera）、卡布瑞拉島（Cabrera）。

自治政府：巴利亞里斯政府（Govern de les Illes Balears）

農產品：螺旋麵包（ensaimada）、大灌腸（sobrasada）、杜松子酒（gin）、扁長麵包（coques）。

美食：(1) 都門貝特（tumbet）：茄子下面塗上馬鈴薯，上面鋪上蕃茄醬和胡椒粉。(2) 螺旋麵包（ensaimada）：成份有豬油、肉桂或柚子皮白糖調味的透明果醬（cabello de ángel）、奶油。(3) 薩餅形麵包（coques）：有肉，魚或蔬菜口味的麵包。

節慶：聖胡安之夜（Sant Joan）：6月23日至24日在梅諾卡島（Menorca）的修答德亞（Ciutadella）城市慶祝，已有六個世紀的歷史，期間會舉辦世界馬術運動會（juegos ecuestres）。

有名人物：拉蒙・路爾（Ramón Lull）13世紀的作家、神學家。

巴利亞里斯群島（Islas Baleares）由馬尤卡島（Isla de Mallorca）、梅拿卡島（Isla de Menorca）、伊比莎島（Eivissa）、福門德拉島（Formentera）、卡布瑞拉島（Cabrera）和幾個小島組成。島嶼四面都是地中海（el mar Mediterráneo），年平均溫度 17.6 C，是西班牙的主要旅遊勝地之一。

自然環境是他們珍貴的財富。這些島嶼的保護區超過其土地面積的 40%，並擁有 46 個特有的自然景區。在這些成千的島嶼中，發現了遠古時代的巨石建築，例如塔萊尤特（talayot），塔拉（taulas）和納維塔斯（navetas）。由於位在伊比利半島東面的地中海上，自古以來就是許多重要文明和民族的登陸地，有希臘人，迦太基人，羅馬人，阿拉伯人和土耳其人。在 13 世紀，海梅一世（Jaime I）征服了這些島嶼之後，它們成爲了阿拉貢王國（Aragón）的一部分。

2. 塔萊尤特（talayot）、塔拉（taulas）、納維塔斯（navetas）

西元前 1300 年左右，塔萊尤特人（talayoticos）入侵了這些島嶼並定居於此。今日我們可以在各個島上看到許多塔萊尤特人留下的古蹟。也對於這些古蹟的面積和保存良好的狀態感到驚訝。人們認爲它們是喪葬的建築，或者與戰士的宗教儀式和祭典有關。古蹟的三個基本結構是：塔拉（taulas）指的是兩塊平板以T形的架構相疊；塔萊尤特（talayot）是青銅器時代的巨石，建築結構是方形或圓形；納維塔斯（navetas）是倒置船的樣子，相互疊放。

3. 亞伯拉罕・克雷斯克斯（Abraham Cresques）

13、14和15世紀，歐洲最重要的航海圖製作坊都位於馬尤卡島。最著名的製圖師之一是亞伯拉罕・克雷斯克斯（Abraham Cresques），他是1375年著名的加泰羅尼亞地圖集的作者。

4. 馬尤卡島（Mallorca）

馬尤卡島（Mallorca）是巴利亞里斯群島（Islas Baleares）最大，人口最多和觀光客人數最多的島嶼。這裡有各式各樣的景觀：從樹林茂密的特拉蒙塔納山脈（Serra de Tramuntana）到旅遊海灘，例如，索耶港（Port de Soller）或波倫卡（Pollenca）小鎮。

在特拉蒙塔納山脈（Serra de Tramuntana）的瓦耶德莫薩（Valldemosa）鎮，波蘭作曲家蕭邦（Chopin）與法國作家喬治・桑（George Sand）曾在此度過了一個冬天。

從遠處眺望首府帕爾馬（Palma），美景盡收眼底，海岸邊滿是遊艇，棕櫚樹（palmeras）和大教堂（Catedral）。該大教堂被馬尤卡人稱爲「Sa Seo」，是這座城市最重要的建築。它建於14至19世紀之間，由具有象徵意義的建築師高第（Gaudí）對其進行了重建，他還負責教堂內部的整建。這座城市的另一個標誌是貝爾弗城堡（Castillo de Bellver），這是一座具有哥德式結構的防禦性堡壘，目前內部設有博物館。

5. 卡布雷拉島（Cabrera）

卡布雷拉島（Cabrera）距離馬尤卡島（Mallorca）18公里，僅100多人居住。現已是國家公園，裡面有著各類植物，稀有爬行動物和其他奇特的物種，例如：埃莉諾隼（halcón de Eleonor），一種鷹。卡布雷拉島水域，以野生動植物聞名，在海岸附近也可能看到海豚。

6. 梅諾卡島（Menorca）

梅諾卡島是巴利亞里斯群島的第二大島，歷經多個民族統治，在首府馬翁（Maó），修答德亞（Ciutadella）和其他周邊城鎮的許多豪宅建築中留下了痕跡。梅諾卡島是巴利亞里斯群島中，保護得最好的島，聯合國教科文組織（Unesco）在1993年宣布它爲生物圈保護區。該島最有特色的是青銅時代（la edad de bronce）豐富的考古遺產，這是史前遺跡，大約有1600個巨石遺址。最重要的是在Trepucó地區，那裡有一個塔拉（taula）和一個塔萊尤特（talayot）。在修答德亞（Ciutadella），6月23日至24日是聖胡安（Sant Joan）節，在節慶中會舉行源於中世紀的馬術比賽（juegos ecuestres）。

7. 伊比莎島（Ibiza，又稱Eivissa）

伊比莎島（Ibiza）於1999年被聯合國教科文組織宣布爲世界遺產城市，它把世界主義與最古老的傳統融爲一體。在伊比莎島市，典型的白色房子建在山腰。伊比莎島上有大量不同文化的考古遺跡：腓尼基人（fenicios），迦太基人（cartagineses），羅馬人（romanos），汪達爾人（vándalos），拜占庭人（bizantinos），阿拉伯人（árabes），諾曼底人（normandos）。在50年代末期，許多藝術家來到了伊比莎島，嬉皮運動甚至在今天仍然激發著時尚，皮革工藝和珠寶，對島上的世界主義做出了決定性的貢獻。同樣，伊比莎島也是夜生活愛好者最喜歡的旅遊之地。

8. 福門德拉島（Formentera）

福門德拉島（Formentera）是巴利亞里斯群島最遠，最小和人口最少的島嶼。只能從伊比莎島（Ibiza）乘船進入。如果你想遠離都市塵囂，找尋寧靜，同時與大自然貼近，那麼這裡無疑是最好的選擇。島上一眼望去是灌木叢（matorrales）和松樹林（pinares），沿著海灘則有許多小河和鹽沼。深海處動植物種類繁多，吸引無數遊客潛水欣賞。傳統音樂舞蹈（ball pages），也就是農民之舞，仍是島上重要節慶活動。

(二) 穆爾西亞（Murcia）

首先我們先認識穆爾西亞（Murcia）的基本資訊：

首府：穆爾西亞（Murcia）

人口：1,059,612 / 面積：31,317 km^2

省份：穆爾西亞（Murcia）

自治政府：穆爾西亞地區政府（Gobierno de la Región de Murcia）

農產品：卡拉斯帕司鎮的米（arroz de Calasparra）、布加斯的葡萄酒（vinos de Bullas）、蔬菜（vegetales）、豌豆（legumbres）。

美食：(1) 魚粥（caldero）用魚熬的高湯煮的粥。鯔魚（mújol pescado）。(2) 烘焙肉卷（pastel de carne），用麵粉拌黃油加絞肉、蛋及其他香料攪拌揉成，然後再烘烤而成。(3) 牛角奶油酥點心（cuerno de hojaldre）

節慶：聖人週（Semana Santa）宗教慶典。迦太基人和羅馬人的遊行（Cartagineses y Romanos）。摩爾人和基督徒之戰（Moros y Cristianos）。

有名人物：佛朗西斯科．薩爾斯尤（Francisco Salzillo），18 世紀雕刻家。佛朗西斯科．拉巴爾（Francisco Rabal），演員。米格爾．德利貝斯（Miguel Delibes），小說作家。路易斯．布紐爾（Luis Buñuel），戲劇作家。

穆爾西亞區位於伊比利半島的東南部，北有瓦倫西亞（Valencia）區，西接卡斯提亞．拉．曼查（Castilla La Mancha）及安達魯西亞（Andalucía）區，東南面對地中海。面積雖有一萬一千多平方公里，但由於區域多山，區內人口僅一百萬，主要集中在河谷平原。穆爾西亞（Murcia）區僅有一省，省與首府和區同名。

9 世紀初，摩爾人建立的王國曾定都於此，此區自然受到回教文化相當的影響，這點可以從當地的方言裡使用很多阿拉伯語詞彙觀察得知。

穆爾西亞河谷平原區農產豐富，生產胡椒、杏仁、橄欖、柑橘、穀物等農產品。山區則是畜牧業，農人也養蠶，所以棉花、麻絲紡織業興盛。海岸區有鋅、鉛、銅、錫、硫磺等礦產。卡達赫納（Cartagena）港已是重要的石化工業中心，化工煉油業發達，也是西班牙的海軍基地。

(三) 加泰隆尼亞（Cataluña）

1. 首先我們先認識加泰隆尼亞（Cataluña）的基本資訊：

首府：巴塞隆納（Barcelona）

人口：6,115,000 / 面積：31,930km^2

省份：巴塞隆納（Barcelona）、希羅納（Girona）、雷里達（Lérida）、塔拉歌納（Tarragona）。

自治政府：加泰隆尼亞政府（Generalitat de Catalunya）

農產品：酒（vino）、葡萄酒（cava）、魚（pescado）、檸檬梨（pera limonera）、桃子（melocotón）、蘋果（manzana）、服裝（ropa）、干醃臘腸（fuet）、化學產品（productos químicos）。

美食：蕃茄麵包（pa amb tomàquet）、加泰隆尼亞奶油（crema catalana）

節慶：La Patum de Berga 在貝爾加市居民舉辦舞蹈慶祝活動。

有名人物：波卡薩爾斯（Pau Casals）作曲家、高第（Gaudí）建築師。

加泰隆尼亞北邊與庇里牛斯山的山塊連結，東邊面臨地中海。在這塊區域裡住著許多不同的民族，還有各式各樣的景觀。在庇里牛斯山可以看到羅馬人建造的教堂，塔拉歌納（Tarragona）有羅馬人蓋的古蹟，在貝內德斯（Penedés）有廣大的葡萄園，以及在雷里達（Lérida）省份有樹林果園。此外加泰隆尼亞的工業非常重要，巴塞隆納是爲歐洲最活躍的工業化城市之一。

2. 庇里牛斯山（Los Pirineos）

庇里牛斯山分隔著西班牙和法國，是天然的界線。在加泰隆尼亞的庇里牛斯山區，有阿朗峽谷（Valle de Arán）以及玻翌峽谷（Valle de Bohí）。還有羅馬時代的聖克萊門得陶爾教堂（Sant Climent de Taüll），西班牙最好的滑雪場貝蓋矣拉 - 貝瑞特（Baqueira-Beret）。

3. 蒙特塞拉特（Montserrat）修道院

蒙特塞拉特（Montserrat）修道院位在巴塞隆納省，依靠著群山板塊區，由堅硬的花崗石組成，石頭有圓形的，也有奇形怪狀的。修道院裡供奉著加泰隆尼亞人最尊敬的守護神：聖母蒙特塞拉特（la Virgen de Montserrat）。

4. 藝術家：高第和現代主義（Gaudí y el modernismo）、米羅（Miró）

巴塞隆納是西班牙的第二大城，不僅工商業發達，也是充滿藝術氣息的一個城市。它有地中海曼哈頓之稱，許多聞名的藝術家像是畢卡索、米羅、達利都是這個地區的人，也因爲他們，使得巴塞隆納成爲一顆閃亮耀眼的明星。我們將它稱爲伊比利半島的明珠一點也不爲過。在巴塞隆納可以去高第區，那兒有高第一系列令人嘆爲觀止的教堂、公園、公寓。畢卡索博物館，達利的戲劇博物館和米羅基金會，都可以觀賞到他們的作品。其中達利戲劇博物館是他自己在 1974 年建造的。

高第不僅在巴塞隆納建造了十多座不同於一般的建築風格，至今仍有一座未完成的聖家堂大教堂。欣賞高第的作品必須擺脫傳統鋼筋水泥，直線的設計構想。他那極具創造力的風格，在建築技術上有著過人的膽識。每座建築物的裝飾都極具獨特的創意，他運用色彩，玻璃彩繪，磁磚鑲嵌。他最有名的一句話是「直線屬於人類而曲線才是屬於上帝」。在他的心裡大自然界是沒有直線的。

聖家堂（Basílica de la Sagrada Familia）若從正面看上去，四根柱子，高聳入雲，圓錐形的高塔直衝雲霄。高塔之間有便橋連接，柱子外面鑲有許多鱗片狀的浮雕，細緻的雕刻，看上去極爲繁複，讓人眼花撩亂。高第（Gaudí）總是不安於單純光滑的牆壁面，應該是作者希望他的作品讓人感受到多一點巧奪天工，細瞧建築物從裡到外每一筆刀鋒畫過的刻痕，都充滿了力道，驚奇與無限的生命力。

巴特尤公寓（Casa Batlló）的設計是以聖喬治與惡龍爭鬥爲背景。陽台的設計是骷顱頭，外觀呈波浪型，屋頂盤踞著一隻巨龍。總讓人覺得這一個建物蘊藏著神秘的生命力，加上外觀的牆壁上鑲嵌著馬賽克，色彩繽紛的玻璃，遠看像是蛇或龍身上的花紋，又或是魚身上的鱗片。無論如何，高第的巧思給人充滿了迷幻、異想天開的感受。

奎爾公園（Park Güell）已經被聯合國教科文組織指定爲世界文化遺產。它必須從空中鳥瞰才看得出來設計的模樣是一隻大蜥蜴。口中流出清水，斜趴在水槽上，身上貼滿像是蛇身上鱗片的彩色磁磚，看起來有點嚇人。寧靜的公園裡有長椅，童話世界中的糖果屋。高第（Gaudí）天馬行空的構想在這個公園裡處處可見。色彩繽紛的裝飾，怪異的創新風格，磁磚拼貼都可以在建築的牆壁上看到。

米拉之家（Casa Mila）建築的特色在於外觀是波浪形狀，緩和的曲線，轉折於人們視野裡。又名石砌廣場（La Pedrera）建築的材料是由山中搬出來的石塊直接堆砌而成。

米羅美術館（Fundació Joan Miró）展示西班牙畫家米羅的作品，有雕刻、雕塑、水彩、素描等各式各樣的藝術作品。

5. 塔拉歌納（Tarragona）

塔拉歌納（Tarragona）是義大利以外的一個有著羅馬式風格建築的城市。羅馬人選擇它作爲征服伊比利半島的堡壘。現在這個城市保存了許多羅馬時代的古蹟像是圓形競技場，輸送水的巨拱門（arco de Bará Penedés）。這個城市也是重要的葡萄園區，生產香檳酒卡巴（Cava）。這款酒是加泰隆尼亞自治區幾個重要的出口項目之一。

6. 耶易達（Lleida）

這是加泰隆尼亞唯一一個在內陸的省份，首府的名稱和省份一樣。這個地區的經濟主要是靠農產食品、水果。從這個城市的最高點可以看到 12 世紀和 15 世紀之間建造的大教堂：塞烏・貝拉主教座堂（la Seu Vella）。

7. 巴塞隆納（Barcelona）

巴塞隆納是一個工業化的城市，同時也是重要的文化中心。它有著許多博物館、劇院、音樂廳，市中心可以看到朗浦拉花卉街（Las Ramblas），街道兩旁植樹，樹木茂盛，從空中鳥瞰就像是一條蜿蜒的林蔭大道。街上有花店，咖啡屋、商店、書店，街頭賣藝人表演，甚至露天即興鋼琴演奏，平時就熙熙攘攘，假日更是人來人往、熱鬧擁擠，充滿了活力與朝氣。在朗浦拉街旁邊是哥德區（Barrio Gótico），加泰隆尼亞的機構，像是巴塞隆納市政府（Palau de la Generalitat el Ayuntamiento de Barcelona）、哥德式的大教堂：海洋聖母瑪利亞聖殿（Catedral gótica la Basílica de Santa María del Mar）皆坐落此區。

(四) 瓦倫西亞（Valencia）

1. 首先我們先認識瓦倫西亞（Valencia）的基本資訊：

首府：瓦倫西亞（Valencia）

人口：5,029,000／面積：23,255km^2

省份：卡斯特翁・德・拉・普拉納（Castellón de la Plana）、瓦倫西亞（Valencia）、阿里坎達（Alicante）。

自治政府：瓦倫西亞政府（Generalitat Valenciana）

農產品：稻米（arroz）、水果（fruta）。

美食：海鮮大鍋飯（paella de marisco）、鹹肉、鹹魚（salazón）

節慶：阿爾科伊的摩爾人和基督教徒（Moros y Cristianos Alcoy），阿里坎達（Alicante）省的阿爾科伊市舉行的一個穆斯林和基督徒之間衝突的節日。蕃茄大戰（La Tomatina de Buñol）在布尼奧爾小鎮舉行的互擲蕃茄的節慶、火節（Las fallas）。

有名人物：席德（El Cid）。

瓦倫西亞（Valencia）區位於西班牙東部，東瀕地中海。因其優越優越的地理位置，這一區被人們稱爲地中海的明珠。有著長長的海岸線，沙灘上細白的沙子，無論陽光多炙熱，這裡總是聚集了許多做日光浴，衝浪的觀光客。其內陸區域由北至南，共有三省，北有卡斯特翁．德．拉．普拉納（Castellón de la Plana）省，中部爲瓦倫西亞（Valencia）省，南是阿里坎達（Alicante）省。全區多山，但由於水利佳，陽光足，近海一帶種植了水稻、水果、蔬菜、棕櫚樹、花卉等，物產豐富。13 世紀基督徒收復此區後，仍允許摩爾人留在此地，他們奠定了優良的水利建設。這裡是西班牙的魚米之鄉，也盛產橘子，海鮮飯也叫做大鍋飯，主要是以番紅花（azafrán）爲材料做成的一道米飯。

瓦倫西亞（Valencia）的歷史可追溯於西元前迦太基人建城，後歷經羅馬人、西哥德人及摩爾人佔領，直到西元 1238 年基督徒詹姆斯大帝收復，成爲瓦倫西亞王國，之後與阿拉貢（Aragón）、卡斯提亞（Castilla）合併，自此成爲西班牙國的一部份。其間在 11 世紀末至 12 世紀初，英勇善戰的羅德里哥·迪亞茲·德·畢巴爾（Rodrigo Díaz de Vivar），人稱「席德」，源自阿拉伯語，意思是對男子的尊敬。西元 1094 年，席德攻下了瓦倫西亞（Valencia），並統治這一地區，被後世擁戴爲英雄。

另外，最著名的法雅節（Las fallas de San José），每年 3 月 12 日到 19 日在瓦倫西亞舉行，是西班牙三大節慶之一。節慶的起源，人們說是早期木匠冬天夜晚挑燈夜戰，將木條上裝有大蠟燭充作照明的設備，稱作 parot。木匠守護神是 San José，生日是 3 月 19 日，這一天又是冬天結束，春天的開始，日照時數增加，木匠不需挑燈夜戰，parot（ninots）功成身退，於是有燃燒 parot 的習俗，這也成爲燃燒掉的作品原型。後來人們開始用紙板做成大頭像，有的以歷史人物，有的以當代的人物作爲題材，主要是反映當時的政治經濟主題，民眾藉此用戲謔的方式來發洩情緒，慶典最後會把這些法雅（Las fallas）作品燒毀。

2. 東部美食——海鮮飯

海鮮飯食材豐富，包括洋蔥、蕃茄、花椰菜、紐西蘭淡菜、玉米筍、香菇、紅椒、地瓜、蒜頭等等，放上蝦、花枝、魚片、蟹肉、雞肉、九孔、貝類……，細長米粒，用番紅花料理烹煮。西班牙東南部的瓦倫西亞，漁民喜用賣不完的海鮮加入米和香料混煮而成，基本的材料爲米、橄欖油和番紅花，再配以各種海鮮或肉類、蕃茄等，以大型雙柄的淺平底鍋用文火慢煮。因爲使用番紅花（azafrán）爲香料的緣故，所以烹煮出來的飯粒都呈現金黃色。大鍋飯（Paella）過程包括：炒、燴、燜。也有用墨魚汁來料理的海鮮飯，金黃色的米粒變黑黑的一片。味道香甜，營養價值更高。

麵包、橄欖油和葡萄酒這三樣東西可以說是西班牙人每日必定會食用的食材。羅馬文化對西班牙最大的影響就在宗教和飲食這兩方面，也是羅馬人將小麥、橄欖和葡萄帶進了伊比利半島。還有一個食材大蒜，南部安達魯西亞的涼湯（gazpacho）大蒜就是其中的一項調味。

七、南部西班牙

西班牙南部的自治區分別是安達魯西亞（Andalucía）、埃斯特雷瑪杜拉（Extremadura）、加那利亞群島（Islas Canarias）。加那利亞群島位在非洲摩洛哥外海，是七個小島組成的地區。

(一) 埃斯特雷瑪杜拉（Extremadura）

1. 首先我們先認識埃斯特雷瑪杜拉（Extremadura）的基本資訊：

首府：美利達（Mérida）

人口：1056,000 / 面積：41,602 km^2

省份：巴達赫斯（Badajoz）、卡塞魯斯（Cáceres）。

自治政府：埃斯特雷瑪杜拉管理委員會（Junta de Extremadura）

農產品：小麥（trigo）、橄欖油（aceite de oliva）、蔬菜（hortalizas）、棉（algodón）、向日葵（girasol）、櫻桃（cerezas）、蜂蜜（miel）、奶酪（queso）、伊比利火腿（jamón ibérico）、菸草（tabaco）、軟木（corcho）。

美食：薯條（frite）、炸麵（包）皮（migas）

節慶：宗教活動（los Empalaos）、民俗活動，丟蘿蔔（Jarramplas）
有名人物：佛朗西斯哥．得．祖巴蘭（Francisco de Zurbarán）巴洛克時期畫家、佛朗西斯哥．比薩羅（Francisco Pizarro）秘魯征服者。

埃斯特雷瑪杜拉（Extremadura）位於西班牙的中西部，多半是乾燥的高原，北邊與卡斯提亞與雷翁（Castilla y León）為鄰，東與卡斯提亞．拉．曼查（Castilla La Mancha）接壤，南部是安達魯西亞（Andalucía），西側與葡萄牙為界。自治區內有兩省，北為卡塞雷斯（Cáceres）省，南為巴達赫斯（Badajoz）省，首府為美利達（Merida）。

埃斯特雷瑪杜拉（Extremadura）這個名字的由來是因為在西元8世紀到15世紀之間的光復運動，他們「地處極遠的地區」（en los extremos），照現在的話是「在邊界」（en la frontería），天主教統治區的邊緣，這裡是和阿拉伯人的交界處。歷史上這裡曾經有羅馬人駐足，阿拉伯人也在此留下他們的足跡。16世紀西班牙人到達美洲，為這個地區帶來很大的經濟效益。從新世界載回來的財富都是用在上流社會、皇宮貴族的奢華生活，所以在這兒可以看到許多皇宮宮殿、豪宅。

2. 美利達（Merida）

羅馬人稱這個城市為 Augusta Emérita，也就是這個城市名字的起源。它是古羅馬時代一個省份的首府，位於瓜地亞納河（Guadiana）北岸，是當時重要的政治經濟交通中心。從古羅馬時期就保存了許多古蹟：米拉格羅輸水導牆（Acueducto de los milagros），一間羅馬藝術博物館和世界上保存最好的一座圓形劇院，至今每年夏天會在那裡舉辦歌劇慶典。這個城市現在是該自治區的首府。它眾多的考古遺跡已被列為世界遺產（Patrimonio de la Humanidad）。

3. 卡塞雷斯（Cáceres）

卡塞雷斯（Cáceres）保存了不同時期大量的古蹟，也被聯合國教科文組織列為世界遺產城市，像是文藝復興時期的皇宮（palacios renacentistas），阿拉伯式的城牆（murallas árabes），哥德式的教堂（iglesias góticas）以及猶太地區（barrio judío）都可以在這個城市看見。聖佛朗西斯哥哈比爾教堂（la iglesia de San Francisco Javier）建於 15 世紀，以它兩座白色的燈塔最為著名，還有文藝復興建築風格的修道院，也是引人注目的白色。埃斯特雷瑪杜拉（Extremadura）自治區多平地，土質貧瘠，氣候乾熱，幾個世紀來老百姓以畜牧為主，農業仍以種植葡萄為主。伊比利半島的大古斯河（Tagus）流經卡塞雷斯（Cáceres）市。此河長達一千多公里，發源於麥西達高原。

4. 猶斯地修院（Monasterio de Yuste）

猶斯地修道院位在卡塞雷斯（Cáceres），是一座非常簡樸的修道院。人們會記得這一座修道院主要是因為國王卡洛斯一世（Carlos I）人生最後的兩年住在這裡。

5. 登杜迪亞修院（Monasterio de Tentudía）

這座修院位在靠近安達魯西亞的蒙雷娜山（Sierra Morena）頂

峰處，13 世紀的時候建成，以阿拉伯風格的修道院和塞維亞的磁磚（azulejos）聞名。

6. 瓜達路貝修院（Monasterio de Guadalupe）

它也是被列為世界遺產（Patrimonio de la Humanidad）的一座修道院，建於 16 世紀。修院裡面有文法學校（escuelas de gramática），醫院，藥房，圖書館。這一座修道院對於虔誠的天主教徒是很重要的一個朝聖地，因為在修道院裡可以看到聖女瓜達路貝（Virgen de Guadalupe）。

7. 巴達赫斯（Badajoz）

巴達赫斯市位於瓜地亞納河（Guadiana）的南岸，瓜河長八百多公里，亦有部分為西葡的界河，最後流入大西洋。埃斯特雷瑪杜拉（Extremadura）區面積大，但人口僅約一百一十多萬，其中的巴達赫斯省是西班牙面積最大的省分，人口七十多萬算是最多的。工業以食品加工、釀酒、紡織等為主。埃斯特雷瑪杜拉區有悠久的歷史，羅馬廢墟、宮室、殿堂、城堡、古牆、舊寺、教堂等，從這些可窺見其輝煌的過去，但是現在卻是西班牙最窮的自治區之一。

(二) 加那利亞群島（Islas Canarias）

1. 首先我們先認識加那利亞群島（Islas Canarias）的基本資訊：

首府：加那利亞群島（Islas Canarias）有兩個首府：聖塔克魯斯．德．特內里費（Santa Cruz de Tenerife）和拉斯帕爾瑪．德．大加那利亞（Las Palmas de Gran Canaria）。

人口：1,600,000 / 面積：7273 km^2

省份：加那利亞群島畫分為兩個省份，西邊的四個島屬於一個省，包括愛耶羅島（El Hierro）、拉帕爾瑪島（La Palma）、拉．哥梅拉島（La Gomera）、特內里費島（Tenerife）。東邊的三個島包括蘭薩羅特島（Lanzarote）、大加那利亞島（Gran Canaria）、富文特奔圖拉島（Fuenteventura）。

自治政府：加那利亞政府（Gobierno de Canarias）

農產品：菸草（tabaco）、香蕉（plátano）、蕃茄（tomate）、酒類（vinos）、熱帶水果（frutos tropicales）、乳酪（queso）、魚（pescado）。

美食：(1) 烤羊肉（lechazo asado）。(2) 帶皮鹽水煮馬鈴薯（papas arrugadas）：馬鈴薯不削皮，用大量鹽水煮熟。通常伴隨著辛辣醬（mojo, una salsa picante），它是用油（aceite）、醋（vinagre）、大蒜（ajos）、歐芹（perejil）、胡椒（pimienta）製成。(3) 麵粉（gofio），一種食材，是用烤過的小麥粉，大麥或玉米製成，然後搭配各種菜餚。

節慶：嘉年華會（Carnaval）

有名人物：貝尼托・佩雷斯・加爾多斯（Benito Pérez Galdós）：19 世紀後期最出色的寫實作家之一。塞薩爾・曼里克（César Manrique），環境保護者，也是位藝術家。爲保護蘭薩羅特島，避免因遊客的增長環境遭受破壞。

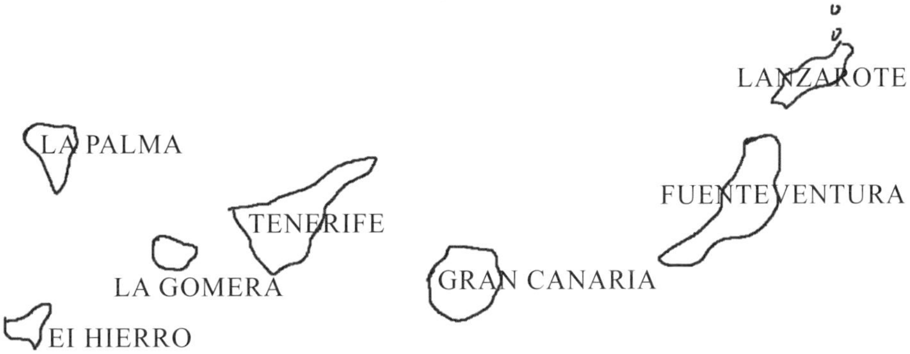

LANZAROTE
LA PALMA
FUENTEVENTURA
TENERIFE
LA GOMERA
GRAN CANARIA
EI HIERRO

2. 幸運島（Las islas afortunadas）

加那利亞群島由七個島嶼和六個小島組成。這些島嶼在希臘時代最早稱之爲「幸運島」。這兒有天堂般的陽光島和細沙海灘，整年的氣溫都是春季的溫度。

3. 氣候（Clima）

加那利亞群島靠近北迴歸線（Trópico de Cáncer），並且靠近撒哈拉沙漠海岸，它們應該是非常熱的島嶼，但是信風（vientos alisios），海灣氣流（corriente del golfo）以及高聳的山峰決定了這些島嶼的年平均溫（temperatura media anual）爲攝氏 22 度。冬季的平均溫度爲19℃，夏季的平均溫度爲25℃。但是在特內里費島（Tenerife）上，有著明顯的局部地區小氣候。這些島嶼的氣候可能在幾公里內發生根本性的變化。例如：有可能此時此刻在沙灘上曬日光浴，遠眺山峰卻正在下雪。

4. 火山島（Islas volcánicas）

加那利亞群島的多樣性地理景觀是巨大的火山活動的結果：從獨特的熔岩地層到綿延的火山口形成的巨大火山。在特內里費島（Tenerife），蘭薩羅特島（Lanzarote），愛耶羅島（Hierro）和拉帕爾瑪島（La Palma）上，仍然有非常活躍的火山活動。

5. 植物群（Flora）

小氣候（地區局部氣候），火山的起源以及每個島嶼的不同高度影響加那利亞群島種類繁多的植物群。在加那利亞群島，有一些物種在世界其他地方已經滅絕，這就是爲什麼加那利亞群島植物群被認爲是一座活生生的博物館，吸引了世界各地植物學家和自然學家的興趣。

6. 香蕉（El plátano）

在加納利亞群島上種植的多種熱帶作物中，香蕉最普遍，與蕃茄同是主要的農產品。它不僅可以用作甜點，還可以油炸，當作米飯的佐餐。

7. 酒類（El vino）

加那利亞群島在 16 世紀和 17 世紀以葡萄酒聞名。目前特內里費島的紅葡萄酒和白葡萄酒受到高度讚賞。同樣，蜂蜜朗姆酒（el ron miel）和香蕉酒（el licor de plátano）是加那利亞群島的典型飲料。

8. 時間（La hora）

由於其地理位置，在加那利亞群島與伊比利半島的時差為一小時。在國家電視台和廣播電台中（emisiones televisivas y radiofónicas nacionales），通常會聽到這句話：加那利亞群島時間慢一小時（una hora menos en Canarias）。在加那利亞群島則說：伊比利半島多一小時（una hora más en la Península）。

9. 光契斯人（Los guanches）

加那利亞群島上最早的居民是光契斯人（Los guanches）。15 世紀，天主教國王（Los Reyes Católicos）入侵並征服了這些島嶼，同時發現了當地的居民。據征服者描述，古老的加那利亞人皮膚白皙，身材高大，肌肉發達，非常漂亮。他們住在懸崖上，山洞或少數圓形的銀屋裡。儘管對這一族人的起源不是很確定，但據信他們是西元前 1 至 2 世紀從北非來到加那利亞群島。當歐洲人到達時，這些人生活在新石器時代（neolíticas）的文化中，生活方式是放牧，有限的水果採收農業。

光契斯人（Los guanches）崇敬太陽（magec），是至高無上的神。這位神又有一位母親女神，後來與基督聖母視為同母。同時，也有一個邪惡的神瓜亞塔（Guayota），他住在群島上最大的火山泰德（Teide）。除了崇拜這些神靈外，光契斯人還在山脈、洞穴和自然洞穴中提供祭品。一些舞蹈、比賽等就是從古老的儀式中保留下來的。

現在如果你在加那利亞群島散步時，我們可以在不同地方找到當時被西班牙征服者滅絕文明的證據。

10. 大加那利亞島（Gran Canaria）

由於氣候，環境和景觀的多樣性，它也被稱爲小大陸。首都拉斯帕爾馬斯大加那利亞島（Las Palmas de Gran Canaria）是靠海岸的城市，有著現代建築和繁榮的商業活動，與此鮮明的對照是內陸地區樹木繁茂的景觀，高聳的山峰，綠色山坡望眼過去是一叢一叢的小村莊。島的北部有松柏和香蕉林。南部是西班牙最大的旅遊區，擁有眾多的海灘，您可以在那裡進行各種水上運動，潛水等。

11. 富文特奔圖拉島（Fuerteventura）

它是群島上最古老最長的島嶼，人口密度最低。它有寬闊的平原，沙質地區和美麗的金沙灘，經常受到強風的襲擊。它和非洲之間隔著狹窄的水域分隔開，這兒吸引著許多潛水員和愛好釣魚者。

12. 蘭薩羅特島（Lanzarote）

蘭薩羅特島因其火山地質構造，是擁有豐富觀光資源的島嶼。最近一次火山噴發是在 17 和 18 世紀，造成該島被燒成灰燼。它的風景看起來像另一個世界，也許這就是爲什麼人們說它像是月球風景。蘭薩羅特島居民利用該島土壤的方式令人欽佩，其中一個很好的例子就是拉赫里亞（La Geria）地區擁有一系列小火山口，現已成爲葡萄園（viñedos）的搖籃。

13. 拉．哥梅拉島（La Gomera）

這個島嶼的景觀以峽谷（barrancos），壯麗的懸崖（acantilados），梯田（bancales），岩石（roques）和堡壘（fortalezas）爲特色。許多哥梅拉人保留著非常古老的習俗：他們借助長棍行走於田地來保護作物，使用祖先在山巒間彼此溝通的語言方式，即哥梅拉口哨（silbo gomero）。

14. 特內里費島（Tenerife）

特內里費島有兩個明顯不同的氣候區：南部溫暖而陽光明媚，有金色的沙灘。北部綠色肥沃，有各種各樣的鸚鵡，綠葉茂盛的山脈和廣闊的種植區。島上種植最多的作物之一是香蕉。在它的海岸可見黑色或金色沙灘，岩石峭壁間有小小河。

15. 泰德（El Teide）火山

泰德的頂峰位於特內里費島（Tenerife），它是海拔3718公尺的活火山，位於加那利群島國家公園中最大、最古老的國家公園（Parque Nacional de Las Cañadas del Teide）。泰德的頂峰是西班牙境內最高峰。

16. 特內里費島狂歡節（El Carnaval de Tenerife）

根據18世紀的作家和旅行者的說法，儘管政府和教會都禁止在公共場合穿戴面具跳舞，不過富裕的家庭仍在家裡舉辦化裝舞會，而低下階層的人們則在街上嬉鬧跳舞。在佛朗哥時代，這個舞會依然被禁止。但在沒有佛朗哥專政制度的審查的情況下，特內里費島人民偷偷地在自家裡恢復，稱之爲冬季慶祝活動（las Fiestas de Invierno），後來被稱爲狂歡節（Carnaval）。

17. 拉帕爾瑪島（La Palma）

拉帕爾瑪島的高度是世界上最高的，並且有著地表最多凹凸不平的面積。氣候涼爽濕潤，是一個土壤肥沃，多山，樹木繁茂的島嶼，有加那利松林（bosque de pino canario），月桂樹（laureles），大蕨類植物（helechos gigantes）。拉帕爾瑪島還以純手工製的雪茄聞名。

18. 天體天文台（El Observatorio Astrofísico）

全名是羅克．德．洛斯．穆恰喬斯（El Observatorio Astrofísico Internacional del Roque de los Muchachos）國際天文台，位於拉帕爾瑪島的最高部分，高2400公尺，與拉卡爾德拉．塔布連恩特國家公園（Parque Nacional de La Caldera de Taburiente）的火山口交接處。拉帕爾瑪天空及其清潔的空氣一直是天體天文台選擇此位置的原因。此外，該島上的居民使用特殊的公共照明，以免干擾晚上的天文觀測（obervación astronómica）。它是北半球最重要的一組望遠鏡（telescopios）。

19. 愛耶羅島（El Hierro）

它是群島上面積最小，人口最少的島嶼，島上的建築物都不超過兩層樓高。它不是觀光客旅遊造訪之地，而是吸引那些對於其自然環境有興趣的研究者。因爲其景觀豐富：陡峭的懸崖（escarpados acantilados），熱帶作物（cultivos tropicales）、礦石切割的景觀（paisajes de lava cortada），松樹林（bosques de pinos）等。島上最奇特，最有特色的樹之一是一棵上千年的檜木（sabinas），其特徵是樹幹長年被強風彎曲。

20. 加那利亞人的鬥爭（La lucha canaria）

加那利亞人的鬥爭（La lucha canaria）其實是一項運動，這個運動的精神是反映了加納利亞群島上光契族人（guanches）爲生存的奮鬥。比賽規則是讓你的對手失去平衡，直到對方腳掌以外身體的部位接觸地面，這樣就贏了。禁止用拳腳擊傷對手。

(三) 安達魯西亞（Andalucía）

1. 首先我們先認識安達魯西亞（Andalucía）的基本資訊：

首府：塞維亞（Sevilla）

人口：7040,000 / **面積**：87,268km^2

省份：阿爾美利亞（Almería）、加地斯（Cádiz）、科羅多巴（Córdoba）、格蘭納達（Granada）、烏偉爾巴（Huelva）、哈恩（Jaén）、馬拉加（Málaga）、塞維亞（Sevilla）。

自治政府：安達魯西亞管理委員會（Junta de Andalucía）

農產品：橄欖油（aceite de oliva）、橄欖（aceitunas）、酒（vino）、火腿（jamón de jabugo）、乳酪（queso）、陶器（alfarería）、吉他（guitarra）。

美食：涼湯（gazpacho）、炸小魚（pescaíto frito）
節慶：四月春會（Feria de abril）、朝聖（Romería del Rocío）
有名人物：詩人費德里哥・加西亞・羅卡（Federico García Lorca）、畫家迪也哥・得・貝拉斯克斯（Diego de Velázquez）。

安達魯西亞的土地面積佔了整個西班牙領土的20%，它是歐洲最溫暖的地區之一，海岸線面對地中海和大西洋。廣大的區域在氣候和風景上有著很大的變化。從內華達山雪白的山頂，到海灘亞熱帶的氣候，甚至於沙漠的環境。這些對比可以從曾經在這塊土地上生活的居民，所遺留下來的文化藝術遺產，以及歷史痕跡窺見。他們在農業、美食以及文化各個領域，特別是在建築上做出了貢獻。例如：科羅多巴的清眞寺（Mezquita de Córdoba），繼承了阿拉伯優美的穆斯林建築風格。在格蘭納達的阿拉布罕宮（Alhambra）以及塞維亞的旋轉鐘樓（Giralda de Sevilla），科羅多巴地區猶太人區建築群。在安達魯西亞最爲顯著的建築特色是白色的房子。房子的牆邊掛滿了各式各樣的花卉盆栽。

多拿納國家公園（Parque Nacional de Doñana），1969年這個

公園被宣布爲保護區。這是歐洲生態保護區最重要的地方，它位在烏偉爾巴（Huelva）這個省份，同時延伸到加地斯（Cádiz）和塞維亞（Sevilla）。整個國家公園的景觀包括了遼闊的海灘、沙丘、海岸、沼澤，以及地中海岸灌木叢、山地。在這裡最普遍的動物種類是小鹿，野豬，還有些瀕臨絕種的物種，像是老鷹，天貓。在冬天，沼澤地區是成千上萬隻遷徙的鳥類，像是紅鶴，會經過此國家公園。

內華達山（Sierra Nevada）位在格蘭納達省。它是歐洲現在最重要的一塊滑雪度假勝地。高 3478 公尺，是伊比利半島最高峰。

卡答角（Cabo de Gata）靠近阿爾美利亞，是天然公園。在這兒有著許多天然原始的地形，像是陡峭的火山口、火山山脈、鹽沼、沙灘、沙丘，以及許多分支的小河流。清澈見底的河水，野生動物，海底花朵等等吸引了無數的潛水者。在沙灘和沼澤區，棲息著多達 169 種遷徙的鳥類，特別吸引人的是紅鶴。

安達魯西亞富產陶土、陶瓷（alfarería）。特別是阿爾美利亞的陶瓷藝術和燒窯承襲重要的阿拉伯文化。陶瓷仍在相同的火爐製作，沿用傳統燒窯製法。

在安達魯西亞有三個最重要的節慶：四月春會（Feria de abril），露水節（Rocío），還有聖人週（Semana Santa）。四月春會在塞維亞舉行，爲期一個禮拜，整個城市用花別在帆布上點綴，還有三角旗、燈籠，以及數以百計的攤位提供人們享受葡萄酒。許多人騎著馬，穿著傳統服裝來參加這個盛會。

露水節（Rocío）每年會在烏偉爾巴（Huelva）聚集了將近一百萬的朝聖者。他們來自各地，徒步、騎馬或是開車沿著公路到這兒來對聖女羅西歐（Virgen del Rocio）表達讚美。

聖人週（Semana Santa）在安達魯西亞不同的地區舉行。這是一個最令人感動的節慶。充滿了宗教情感，而且將西班牙人凝聚在一起，人們伴隨著宗教遊行跟著聖母瑪利亞和耶穌的轎子一步一步的前進。過程中的掌聲還有聖歌，都是聖徒們是發自內心，表達他們的宗教情感和對耶穌、聖母利麗亞的敬意。

2. 加地斯（Cádiz）

這個城市是腓尼基人在西元前 1100 年建立的，它是歐洲最古老的城市之一，在西班牙歷史上扮演著重要的角色。1812 年由加地斯的法院宣布了第一部著名的自由憲法。

嘉年華會（Carnavales de Cádiz）是加地斯這個城市每年最重要的一個節慶活動，吸引了無數的觀光客。每年在二月舉行活動期間，整座城市人們化裝打扮走到街上。有些唱詩班，他們準備整整一年好在嘉年華會的時候唱。有些唱出的歌曲詼諧，有些諷刺。諷刺的主角通常是政治人物或者是最新最有名的新聞事件。

3. 赫雷斯（Jerez de la Frontera）

赫雷斯位在加地斯（Cádiz）省，這裡有聞名國際的葡萄酒。四月和五月的時候會舉辦馬術比賽，阿拉伯種的西班牙駿馬也是赫赫有名的。

4. 科羅多巴（Córdoba）

在很長的時間科羅多巴（Córdoba）是伊斯蘭世界和歐洲的文化中心，這個城市過去好幾個世紀猶太人、穆斯林人和基督徒基本上是和平共處。建築上可以看到不同的文化留下的痕跡，其中最著名的一區是猶太區。由此也可以看出西班牙文化的多元性，對外來者，他們的民族性格上是包容的。今天在南部安達魯西亞的眾多清眞寺，基本上都保存下來，或者在舊有的建物上續蓋哥德式風格的天主教堂。

科羅多巴的大清眞寺（Mezquita de Córdoba）

8 世紀初，來自北非的回教徒摩爾族侵入伊比利半島，最早定都科羅多巴（Córdoba）。著名的科羅多巴的大清眞寺（Mezquita de Córdoba）興建於西元 785 至 787 年，是阿布杜拉曼一世（Abderra-man I）在位時動土，之後幾百年仍持續擴建，才有今日樣貌。優雅的建築中可以看到歐洲教堂的嚴莊風格。它是城市裡最優美的古蹟建物。中世紀時代，它是除了麥加以外世界上最大的清眞寺。天主教徒趕走摩爾人後，將清眞寺的中堂改成天主教堂，現在已被列爲世界遺產。

科羅多巴大清眞寺（Mezquita de Córdoba）由八百五十根圓柱形大理石柱支撐，柱與柱之間採弧形拱樑，柱子上有馬蹄鐵型的造型，這部份的設計也正是標記著不同的哈里發王朝。柱子的材料使用大理石、花崗石、碧石、瑪瑙等貴重石材。走進這一座清眞寺宛如置身在一座森林裡面，有著神秘感和如幻似眞的夢境，這也許是這一座清眞寺想要表達的宗教氛圍。從寺裡望去那一根根交錯的柱子，就像看到阿拉伯半島上棕櫚樹的景象。陽光從清眞寺頂照射入內，光線在交錯的石柱間散開形成刺眼的薄霧，若隱若現增加了不少神秘感。

科羅多巴大清眞寺（Mezquita de Córdoba）的尖塔鐘樓（Torre del Alminar）、橘園中庭（Patio de los Naranjos）、祈禱壁龕（Mihrab）、比亞畢修薩禮拜堂（Capilla de Villaviciosa）等都是大清眞寺內值得參觀的地方。

5. 格蘭納達（Granada）

格蘭納達省以她多樣的景色聞名，當你在這個城市行走時，可能前面一段幾里路是內華達山脈，沒多久就到達了海岸邊。首府亦稱爲格蘭納達，我們可以從它的每一件古蹟細數每個階段的歷史紀錄。

在格蘭納達這個城市裡的回教建築與歐洲文藝復興時期的建築，可說是共生共存，但是這兩種藝術的本質是有差異的。清眞寺的建築設計，特別是在主教堂建築的上面會蓋有一個或數個頂塔，然後把大鐘高掛在上面，這樣信徒聽到鐘聲，就會膜拜阿拉。教堂內的裝飾多以阿拉伯式幾何花紋和可蘭經詩文爲主。文藝復興代表的建築是哥德式的教堂。它的特色是高高的屋頂，尖形的屋頂，以及尖錐形的拱門。牆壁旁則有許多孔柱，教堂的大門上方都會有一大面美麗的彩色窗飾，讓人抬頭凝視，想像天堂的美景。

阿拉布罕宮（Alhambra de Granada）

這座清眞寺位在內華達山脈（Sierra Nevada）山腳下，它是阿拉伯最古老的皇宮之一，同時也是世界上保存最好的阿拉伯皇宮之一。

阿拉布罕宮的外牆是摩爾人用紅磚砌成，紅色的磚遠看火紅亮麗，阿拉伯文裡阿拉布罕宮本身就是紅宮的意思。西班牙在宗教上是寬容的態度，因此天主教徒在1492年收復格蘭納達（Granada）之後，對阿拉布罕宮並沒有破壞，反而是在原有的宮殿上繼續建造哥德式的建築天主教堂。建材主要是以灰泥、木材和磁磚，看起來很普通，但經過工匠的巧思設計，走進每一處庭院、大廳、花園，呈現在眼前的水池，植樹，拱形的石柱，天花板的雕刻，牆壁上的作畫，幾何圖案等等，都可以感受到那化腐朽爲神奇，平凡中透露出令人目眩的工藝。設計師想要展現的是一座人間天堂，而建造的歷任哈里發卻有著帝國式微的無奈，想從這樣壯麗的皇宮建物中留住昔日的叱吒風雲。

進入阿拉布罕宮見到的第一座宮殿就叫作「卡洛斯五世」，建於西元1527年，整個中庭由32根圓柱包圍，是16世紀歐洲建築形式的代表，也是唯一的一座蓋在清眞寺內天主教風格的宮殿。在這座宮殿裡有一個圓形的內庭，面積很大，適合演奏音樂。卡洛斯五世宮殿的旁邊是阿拉伯宮，是一座完全回教的建築，內部的屋頂、走廊、牆壁、窗框、門邊的圖示都可以看到雕刻著阿拉伯式的幾何花紋，色彩清爽，精巧細緻，這樣的圖案設計讓人在炎熱的夏天感覺清爽平靜。阿拉伯宮中地上鋪著光滑的大理石，炎熱的夏季走進去更覺得涼爽。

王宮（Palacio Real）這裡原是摩爾人的起居室，裡面巧奪天工的木製天花板雕刻，望去有如蜂巢，令人讚嘆不已。王宮主要區分爲三：麥思沃宮（mexuar）、格瑪雷斯宮（Comares）和獅子宮（Leones）。麥思沃宮（mexuar）用做審判，集會用的大廳，庭中的牆壁原本刻滿阿拉伯經文。天主教徒收復之後又把它重新修建，改成天主教的祈禱文。旁邊的「香桃木院」（Patio de los Arrayanes）享有

「愛神木」美稱，是從前哈里發國王大臣共商國事的地方。這裡又區分成使節廳（Sala de los embajadores）、格瑪雷斯塔（Torre de Comares）和美麗的中庭。使節廳建於1334到1354年間，頂棚的設計表達回教宇宙觀的七重天。中庭內有一長方形的水池，長36公尺寬23公尺，水光倒影，如畫似夢，是情人相互細說甜言蜜語，徘徊逗留的好地方。從水面的倒影可以清楚地看到格瑪雷斯塔。這裡可以說是王宮內最美麗的景觀之一。

獅子宮（Leones）或獅子院（Patio de los Leones）是國王的後宮，雖然以前規定只能女性在此進出，但史書記載，在此也曾經舉辦過政治外交的活動。庭院中央有個噴水池，由12隻獅子圍繞馱負著。水流從獅子的口裡流出，可供人取用飲水，池子向四個方向分別有四條小河溝，它們被取名爲水河、乳河、酒河、蜜河。四周的迴廊是用拱形的柱子撐起建物，總共124根同時提供遮蔭的步道，讓人感覺宛如置身在森林一般，柱子上可見細緻的雕刻。

噴水池一直是回教清眞寺裡建築的特色。在炎熱的沙漠氣候裡，走進這一座隨時可見噴水池的清眞寺格外覺得清爽。事實上冷氣也是阿拉伯人發明的。

再走進旁邊的「兩姐妹廳」（Sala de las Dos Hermanas），抬頭可見蜂巢狀的圓頂，雕刻繁密如鐘乳石的裝飾，巧奪天工，其精細程度絕不輸給哥德式風格的教堂，光是那個小屋圓頂據說就由五千多個小蜂巢式的架構所形成，是摩爾人建築精彩之處，令人嘆爲觀止。

再走進去是諸王廳（Sala de los Reyes），以前是用來舉行盛會，接待賓客之處。在那裡的天花板上有描繪回教歷代的十位國王像。畫像是畫在皮革上的。

阿拉布罕宮（Alhambra）又被稱作紅宮，因爲修建它的Nasrid王朝的第一任酋長穆罕默德一世（Mohmmed I）在他統治格蘭納達期間，又被稱爲紅人之子。整座宮庭的建築風格蘊藏著阿拉伯民族的萬種風情，牆壁上的幾何圖、柱上精美的雕飾，一切看來耀眼奪目，詩情畫意，駐足屏息間，似乎隱約感受到幾百年來歷經的風風雨雨，有甜蜜愛情故事，也有血腥的爭權相殘，不過它始終靜靜地佇立在那，本身就是一件偉大作品，供後人欣賞研究。

在清眞寺內牆壁上無數的壁飾，幾何圖案裡，竟也能發現一幅像是西班牙國徽的圖案，描述希臘神話故事中海克力斯用本身特異能力將阿特拉斯山（Cordillera del Atlas）切開，陷落處形成了直布羅陀海峽，也因此打開了地中海通往大西洋的航道。他將兩根石柱分插在西班牙和北非摩洛哥，一說是保護過往船隻，另一說是防止海怪從大西洋進入地中海。石柱上刻有 Non Plus Ultra 意思是別再過去了，暗示這兒就是世界盡頭。西班牙發現美洲新大陸後將 Non 字拿掉，意味著海外還有殖民地、領土。

6. 烏偉爾巴（Huelva）

這個省份與葡萄牙交界，是一個多山的地區，同時也生產大家所喜愛的火腿（jamón）。羅馬時代，它是很重要的一個港口，哥倫布就是從這兒掌舵他那三桅帆船出海，發現美洲新大陸，開創人類大航海新紀元。

7. 哈恩（Jaén）

城市有著廣大的橄欖園地。阿拉伯人統治時期建造了許多淋浴間。在 11 世紀，淋浴間的造型是馬蹄形，拱形的柱子，在天花板還有圓形的小窗戶讓光線可以透進來。

8. 太陽海岸（Costa del Sol）

位在直布羅陀和馬拉加之間，這是西班牙最多觀光客造訪的海岸。在這邊還提供了許多的夏天旅遊度假中心，可以練習各種水上運動。

9. 塞維亞（Sevilla）

塞維亞是安達魯西亞的首府。這個城市 1992 年爲了舉辦世界博覽會，做了很大的都市景觀改革，重新設計，使這個城市煥然一新。

塞維亞（Sevilla）市，位於西班牙西南部，是西班牙的第四大城。瓜達爾幾維爾河（El Río Guadalquivir）是安達魯西亞境內第一大河，國內第五長河，發源自哈恩省的卡索拉山脈（Sierra de Cazorla），此河名在阿拉伯文裡意思是大河。船舶川流不息地沿河而下，在加地斯灣注入大西洋。地理大發現時代的麥哲倫、哥倫布等人都是由塞維亞城出海，橫渡大洋，發現新大陸及新航線。

聖十字區（Barrio de Santa Cruz）是塞維亞以前猶太人區。這一區街道狹窄，是一個偏僻幽靜的地方。

當摩爾人佔領塞維亞城時，於 1221 年在瓜達爾幾維爾河畔建造了一座軍事瞭望塔，共有三層樓，一到二樓現在是航海博物館。塔身總共有 12 面，每面代表一個方位，用來監視瓜河來往的船隻。塔蓋是金黃色的，在陽光照射下，遠望金光四射，因此當地的人又把它稱爲黃金塔。站在塔頂俯瞰古色古香的塞維亞城，景色盡收眼底，夕陽西下時，金色的陽光照映在河面上，水波盪漾，閃閃發光，不禁勾起懷思念舊的幽情。1492 年 8 月 3 日，哥倫布帶著三艘船，由塞維亞城的瓜達幾維河（el río Guadalquivir）出發，橫渡大西洋，開啓人類歷史上第一次海上冒險之旅。那三艘船分別是聖瑪麗亞號（Santa María）、平塔號（Pinta）和尼亞號（Niña），其中最後這一艘哥倫布在其航海日誌中將它稱爲三桅輕快帆船（carabelas）。他們在海上歷經兩個多月的航行，因爲一直見不到陸地，船上的水手焦慮不安的情緒愈來愈嚴重，以致險些要叛變。在行航的最後三天，哥倫布與他們約定，再三天，若看不到陸地就返航。正是這三天後，公元 1492 年 10 月 12 日美洲新大陸被發現了，人類歷史也展開了新的一頁，這一天也就成爲西班牙的國慶日。對一些人來說是豐功偉業的成就，但對當地的老百姓、文明卻是毀滅的災難。

塞維亞主教堂（La Catedral de Santa María de la Sede）是世界第三大教堂，僅次於羅馬聖彼得大教堂和米蘭大教堂，屬於哥德式夾雜著阿拉伯建築藝術的風格。

15 世紀西班牙天主教徒將原來是高聳的回教祈禱塔改建成爲一座 104.1 公尺高的鐘樓，樓頂尖處一位手拿巨鑼隨風轉向的女神，因此人們又把它稱爲「轉向鐘樓」（Giralda, la torre campanario）。這一座大教堂就是歷史的見證。大教堂莊嚴堂皇，內外的雕塑和陳設輝煌燦爛，各式的神像雕刻栩栩如生，鑲嵌的彩繪玻璃窗戶，五彩繽紛。在走進這一座大教堂前，不禁被它的莊嚴雄偉的氣勢震攝住，但它又像溫柔的巨人敲擊著你的心扉，向你展開雙臂擁抱，令人驚豔讚嘆。

除了哥倫布以外，另外一位地理大發現的航海家麥哲倫，他雖然是葡萄牙人，卻效忠於西班牙皇室。西元 1519 年率領他的船隊，繞過南美洲，橫渡太平洋。儘管麥哲倫在菲律賓被殺，但是剩下的水手仍然繼續向西航行，三年後，西元 1522 年返回塞維亞城，完成了人類第一次海上航行環繞地球一圈的壯舉。這一次的航海不僅爲當時的歐洲發現另一條通往東方的新航路，同時也證明了地球是圓的理論。由此可知塞維亞城與地理大發現密切的關係不言而喻。

大教堂內的一角可見哥倫布的靈柩由四位巨型的銅塑人抬著，他們應是哥倫布航海時期的四位國王（Castilla、León、Aragón 和 Navarra）。哥倫布生於義大利的熱內亞港，後因西班牙女皇伊莎貝爾的資助，於一四九二年自塞城起航，本欲探訪赴東方的海路，卻航抵美洲發現了新大陸。女皇逝世，國王費南多不再支持，爲此哥倫布甚爲震怒，說出不再踏上西班牙的土地。不過幾個世紀後，西班牙人把它視爲英雄，將他的遺體從古巴帶回西班牙。可能不想違背他的遺言，所以他的棺木是抬著的。

塞維亞鬥牛廣場（Plaza de toros de Sevilla）建築裝飾的顏色是紅色的門與蛋黃色的線條顯得格外亮眼。另一個最負盛名的景點是西班牙廣場（Plaza de España），它與公園瑪麗亞露易莎（Parque de

María Luisa）緊鄰。廣場與主建築間開著人工運河，橫跨運河上總共有四座拱橋，通過拱橋就可以到達主建築物了。主建物的門是棕紅色，橋的欄杆則是用藍白色的青花磁磚來做裝飾，這樣的搭配充滿了宗教的神秘寧靜感。

10. 南部美食

橄欖油（Aceite de oliva）、涼湯（Gazpacho）、海鮮魚湯（Cachorreñas）、炸魚（Fritura de pescado）、瑪拉加拿麵（Fideos de la malagueña）、鹽焗魚（Pescado a la sal）、牛尾菜餚（Rabo del toro）、朝鮮薊小牛肉（Ternera de alcachofas）、甜餅（Roscones）、天堂培根肉（Tocino de cielo）、無花果（Higos）、石榴（Granada）、塞拉火腿（Jamón Serrano）、血腸（Morcilla）、燻腸、香腸（Chorizo）、大香腸、大臘腸（Salchichón）。

(1) 涼湯（Gazpacho）

涼湯（Gazpacho）原本只是隔夜的麵包、鹽、橄欖油、大蒜、醋的混合物。在安達魯西亞發源地，有不加蕃茄的凍湯。其中一種稱為白凍湯（Ajoblanco Malagueño）只加入杏仁。涼湯在哥倫布發現美洲新大陸後，從美洲帶回蕃茄和辣椒，才再加入這兩項食材。

(2) 牛尾餐（Rabo de Toro）

南部著名的美食**牛尾餐**，是安達魯西亞地區最具有特色的美食之一。食材選用公牛的牛尾加上蔬菜、紅酒燜燉而成。牛尾的肉質軟嫩，味道鮮美，配上蔬菜紅酒更入味，更是一道別具風味的美食。

(3) 火腿

白豬佔總量的 8 成 5，白蹄的豬，它的後腿做出來的火腿叫做 Jamón Serrano。黑豬只佔 1 成 5，是伊比利黑蹄豬，它的後腿做出來的火腿叫做 Jamón Ibérico。火腿分為：前腿 Paleta 後腿 Jamón

① Jamón Ibérico de Bellota：

豬最後 3 到 4 個月只吃橡樹子，放牧於西部橡樹林中，豬超過一半的重量在這 3 到 4 個月增加的。是上等的伊比利火腿，通常醃製到熟成 3 年或更久。

② Jamón Ibérico de Recebo：

在橡樹林放牧的時間比較短，也會餵食穀類的飼料，豬低於一半的重量來自於吃橡樹子。

③ Jamón Ibérico de Cebo：

完全不放養，全吃穀類的伊比利黑蹄豬。價格最便宜，通常醃製到熟成 2 年。

Chorizo 是經過發酵、醃製，再煙燻加入乾紅椒而成的深紅色香腸。Salchichón 是沒有用煙燻紅椒調味，而是採用了黑胡椒粒去調製。

第三單元　西班牙歷史

前言

西班牙是一個歷史源遠流長的國家，遠在中世紀的時候半島上就是一個多元化的地區，基督徒、阿拉伯人和猶太人一起生活在這兒，共同創建了豐富的文化與文明。西班牙從史前開始就是一個西方和東方文化交錯的地區。16 世紀西班牙建立了第一個政權，第一個現代化的帝國，但是無敵艦隊（Armada Invencible）被打敗之後，國家迅速地衰敗，失去了政治軍事的影響力。

西班牙的歷史和歐洲其他國家因爲不同環境的因素，表現的很不一樣，老百姓的個性，生活方式也非常的特別。伊比利半島有著 2700 英里的海岸線，對於外來入侵的防禦顯得非常脆弱，這也是爲什麼生活在半島上的居民長期以來是多重民族融合的表現。歷史的複雜性也造就了西班牙今日的多樣性。從字源學的研究，「España」這個字是很有爭議性的。希臘人第一次使用這一個字「Spania」，之後變成羅馬人使用「Hispania」這個字。一般認爲它源自於塞爾達（celta）語言這一個字「span」，這跟英文的字根「span（palmo）」一樣。可能的理由是西班牙位於地中海的入口，也有可能是因爲中央高原是一個平台，像是人的手掌。伊貝里亞（Iberia）是伊貝羅人（Iberos）人的國家，源自於字根 ib，意思是河流。這也是爲什麼半島上最大的一條河流之一稱爲 Ebro。

今日的西班牙人仍以正統歐洲羅馬人自居，宗教信仰上多爲天主教，以身爲歐洲人感到驕傲。1469 年，卡斯提亞（Castilla）王國的伊莎貝爾（Isabel）公主與阿拉貢（Aragón）王國的費南多（Fernando）聯姻，同時開始光復運動。1492 年格蘭納達（Granada）收復，伊比利半島形成了眾多基督教王國，爲首的是卡斯提亞王國、阿拉貢王國、納瓦拉王國、葡萄牙王國。1512 年合併納瓦拉（Navarra）王國，於此統一全西班牙。1556 至 1598 年間，西班牙政治勢力達最高峰，殖民地分布全球，成爲當時最強大的海權國家，國王菲利浦二世（Felipe II）以後帝國逐漸沒落。1936 至 1939 年間爆發內戰，佛朗哥將軍掌握政權，實行獨裁統治。1975 年佛朗哥逝世後，始恢復君主立憲。

西班牙行政上劃分成自治區域，本土一共有十七個：

1. 北部：阿拉貢（Aragón）、阿斯圖里亞斯（Asturias）、坎達貝里亞（Cantabria）、巴斯克（País Vasco）、納瓦拉（Navarra）、加里西亞（Galicia）
2. 中部：馬德里（Madrid）、拉里歐哈（La Rioja）、卡斯提亞．拉．曼查（Castilla La Mancha）、卡斯提亞與雷翁（Castilla León）
3. 東部：加泰隆尼亞（Cataluña）、瓦倫西亞（Valencia）
4. 西部：埃斯特雷瑪杜拉（Extremadura）
5. 南部：安達魯西亞（Andalucía）、穆爾西亞（Murcia）

群島：巴利亞里斯群島（Islas Baleares）、加那利亞群島（Islad Canarias）

加上北非的塞戊達（Ceuta）、美利雅（Melilla），加起來總共是十九個自治區域。較大的行政區可以再劃分成省。細分下來全國五十個省分。

區域的劃分可能是依照歷史的淵源，像是伊比利半島統一前，卡斯提亞、阿拉貢等王國原本各自雄踞一方，自立爲國，日後國家統一仍保持其舊有領土。也有因語言、文化的因素來劃分，例如：巴斯克人仍分屬巴斯克及納瓦拉自治區；東部的巴塞隆納城市屬於加泰隆尼亞語系地區，西北邊臨近大西洋的各省則屬於加里西亞語系地區。北部自治區有巴斯克、加里西亞、納瓦拉、阿斯圖里亞斯。其中的巴斯克、納瓦拉和法國庇里牛斯山區住著許多巴斯克人，他們有自己的語言，語言學家推測巴斯克語石器時代即存在，早於印歐語系，而人類學家因其生理特徵相信他們是歐洲克羅儂馬人的後裔。

自治區（Las Comunidades Autónomas）可以說是分離主義者和中央集權主義者相互對抗下的產物。1978 年的憲法同意某種程度的政治、經濟自主權：地方首長、國會議員、選舉。取代先前名稱：地區（Regiones）。1979 年憲法生效。

分離主義的原因，首先是語言：

1. 加泰隆尼亞（Cataluña = Catalunya）和巴斯克（Euskadi = el País Vasco）是分離主義強烈的兩個地區，還有一個是加里西亞（Galicia）自治區。
2. 他們認爲與其他地區不一樣地方，在於他們都有自己的語言，儘管安達魯西亞、埃斯特雷瑪杜拉等等有各自地區特色、經濟結構，但都是說西班牙語。
3. 加泰隆尼亞、巴斯克、加里西亞、瓦倫西亞、巴利亞里斯群島是雙語的自治區。

中世紀時，加泰隆尼亞是完全獨立自主，不受卡斯提亞管轄。當時就有加泰隆尼亞政府（Generalitat de Catalunya）。從 12 世紀到 15 世紀，加泰隆尼亞的統治權擴展至地中海、法國南部。政府的理念與卡斯提亞的國王不一樣，他們也有自己的民法（Código Civil）。1492 年加泰隆尼亞政權衰落，18 世紀初王位繼承戰爭期間試圖聯合反西班牙國王的敵人對抗，1931 年第二共合（Segunda República）期間重新建立加泰隆尼亞政府。佛朗哥將軍獨裁期間取消全部加泰隆尼亞政府（Generalitat）既有的權力、言論自由，學校不准教加泰隆尼亞語。1978年憲法同意恢復加泰隆尼亞政府的權力。

巴斯克語（Euskera）是世界上最古老的語言之一，青銅器時代說此語言的巴斯克人即住在巴斯克。直到中世紀（Edad Media）前都是獨立狀態。由卡斯提亞在 1241 年頒布的法律法典：Fuero juzgo，旨在保護被征服地區居民的權力、風俗習慣。但巴斯克人仍堅持其獨立自主的地位。

分離主義的另一個原因，是艾達（ETA）分離主義恐怖組織。

1. ETA 成立於 1958 年，原本是巴斯克地區的一個地下反抗組織。
2. 從 1968 年 ETA 已經殺害超過 800 人、數千人受傷。
3. ETA 宣布從 2006 年 3 月 24 日永久停火，當時的總理薩帕特羅（Zapatero）政府開始與 ETA 組織進行對話。2018 年 5 月 2 日，ETA 宣布解散。

西班牙的歷史，可劃分成下列幾個時期[1]：

1. 上古史：從原始土著居住直至西元 409 年日耳曼蠻族入侵。
2. 中古史：從西哥德王朝（Visigodos）起至格蘭納達（Granada）被天主教王國（Los Reyes Católicos）征服（西元 414-1492）。
3. 近代史：從天主教王國起至波旁王朝（Casa de Borbón）復辟止（西元 1492-1874）。
4. 現代史：從阿爾豐索十二世（Alfonso XII）至今。

一、上古史

上古史從原始土著居住直至西元 409 年日耳曼蠻族入侵。大約兩萬年前，尼安得塔人（Neanderthaler）出現在伊比利半島，但在冰河期的最後時期卻消失了。後來智人（Homo Sapien）在洞穴頂

[1] 請參閱Francisco Ugarte, Michael Ugarte & Rathleen McNerney (2002), España y su civilización, 5ª edición, McGraw-Hill Higher Education

上繪畫彩色的野牛、馬和其他動物，諸如 15000 年前的阿爾塔米拉（Altamira）洞窟。

(一) 伊貝羅人Los Iberos

希臘人指出半島上首批的居民是伊貝羅人，他們在西元前 6 世紀就定居在伊比利半島，毫無疑問地，他們在更久前就住在現今西班牙地區。他們是一支獨立而且好戰的民族，人種個子不高，膚色黝黑。他們也住在英國、愛爾蘭、法國和歐洲其他地區。伊貝羅人他們來自哪裡呢？有可能是今天巴斯克人的祖先嗎？一些科學的研究指出，今日巴斯克民族和史前伊貝羅人存在著關連性，從城市、河流、山脈的名稱可以發現他們的共同性。

(二) 塞爾達人Los Celtas

西元前 6 世紀塞爾達人民族來到伊比利半島，他們是一支金頭髮的民族，源自於北方以及歐洲的中部。至今仍然可以看到塞爾達人民族的影響，主要是在加里西亞地區，加里西亞人在一些外表的特徵和愛爾蘭人相似，文化上他們也有共通性，例如：風笛（Gaita = Bagpipe）這個樂器。伊貝羅人和塞爾達人他們建立的第一個融合的民族稱爲塞爾第貝羅人（Celtíberos），他們勇敢善戰，不畏死亡是他們的民族性。

(三) 腓尼基人Los Fenicios、希臘人Los Griegos

大約在西元前 11 世紀腓尼基人是第一個和伊比利半島建立商業關係的民俗。這是一個來自海上島嶼、地中海東岸的民族。腓尼基人他們是閃米特人（semitas），水手和商人。他們建立加地斯（Cádiz）城市，這是西班牙最古老的城市。他們也在馬拉加（Málaga）建立永久的殖民地，以及地中海其他的港口，建立這些據點是爲了開發財富。腓尼基人天性愛好和平，他們沒有發起任何反對塞爾第貝羅人的戰爭。他們專注於商業貿易，同時教導半島上的居民使用貨幣、字母以及鍛造金屬的藝術還有編織的技巧。大約西元前 7 世紀，希臘人也在地中海建立商業殖民地的港口，增加葡萄和橄欖的種植，同時建立學校和研究機構。

(四) 迦太基人Los Cartagineses

在布尼卡斯（púnicas）戰爭之前，迦太哥（Cartago）是腓尼基人位在非洲的北部的殖民地。很快的這個地方變成商業和工業的都會大城，居民超過 1,000,000 人。西元前 6 世紀，腓尼基人受到塞爾第貝羅人民族的攻擊，他們向迦太基人求援，然而迦太基人到達西班牙之後卻成了半島上的主人。

在西元前 3 世紀伊比利半島是迦太基人和羅馬人爭奪的地區，他們都想要在這裡建立他們的統治權。西元前 3 世紀，一支強大的迦太基軍隊在西班牙登岸，隨即完全征服了這個地區。漢尼拔（Aníbal）是迦太基人的首領，13 歲的時候就住在西班牙，向羅馬人發出仇恨的誓言，靠著迦太基人和塞爾第貝羅人組成的軍隊，以及一支強大的大象軍隊，漢尼拔穿越了庇里牛斯山和阿爾卑斯山，幾乎快要佔據羅馬，卻未能成功。羅馬在西元前 146 年摧毀，放火燒掉迦太哥（Cartago）這個城市。

(五) 羅馬人Los Romanos

正當漢尼拔在義大利作戰，羅馬人在西元前 218 年進攻西班牙，前後花了 12 年驅逐了迦太基人，最後羅馬人統治了伊比利半島長達六個世紀。但是羅馬的軍隊仍花上兩百多年的時間來征服勇敢的塞爾第貝羅人這一支民族。努曼西亞（Numancia）這個城市是永垂不朽的象徵，代表著塞爾第貝羅人民族反抗羅馬不懈的精神。這個城市最後放火自焚。當羅馬將軍葉斯皮翁（Escipión）進入這個城市時，他沒有辦法找到任何活下來的努曼西亞人（numantino）。他們戰敗後所有的人都自殺。塞凡提斯寫了一篇有關這個城市陷落非常精彩的悲劇。

塞爾第貝羅人本身已經具有混血的基因，之後又和入侵的羅馬人混血。當伊比利半島上部分地區開始接受羅馬人的語言、法律、風俗習慣，也就是西班牙羅馬化。西班牙不再是一個殖民地，而是羅馬文化的一部分，而且以羅馬文化爲榮。

西班牙人此時稱爲 hispanorromanos，不再是僕人的姿態，而是羅馬的城市居民，享有繼承一切的權利。西班牙已成爲拉丁國家（País latino）。

二、中古史

中古史從西哥德王朝（Visigodos）起至格蘭納達（Granada）被天主教國王（Los Reyes Católicos）征服（西元 414-1492）。

(一) 西哥德人Los Visigodos

在歷經六個世紀羅馬人的統治，西元 400 年，西班牙被來自北方的野蠻人（bárbaros）入侵。野蠻人把握羅馬帝國的衰敗，開始向南方溫暖的土地推進。野蠻人由好幾個部落組成，他們善於發動戰爭，而且只尊重征服權，也就是所謂叢林法則。在西班牙這一群哥德人（Godos）或西哥德人（Visigodos）變成了半島上的主人。

很快地結束了征服的過程，開始了新的民族混血。這一次是拉丁羅馬人和西哥德人的混血。西班牙人除了有拉丁血統，這是他們之前原本所擁有的血統，緊接著又具有了日耳曼血統。同時這是第一次政治和宗教建立了結盟，創建了西哥德貴族的專制政權。6 世紀西哥德人變成了基督徒。

封建制度開始於西哥德人，但是封建主義在歐洲其他民族或地區並沒有像在西班牙擴展地這麼快、成熟。簡單的說西哥德人並沒有創建新的文明，他們只侷限於修改羅馬人設立的法規機構，符合他們的需要，如此而已。

(二)阿拉伯人Los Árabes

阿拉伯出現了一位先知穆罕默德，創建了伊斯蘭教，結合了阿拉伯各部落。很快的這些原本是遊牧民族的部落，變成了文明世界最有力量的一族。阿拉伯人的統治擴展到了歐洲，伊斯蘭半月的象徵成爲了基督教十字架最大的對手。

歷史總是驚人地相似。羅馬帝國被來自北方的野蠻民族征服，西哥德王國則是臣服於 8 世紀阿拉伯軍隊的入侵。

西哥德政權不是世襲，而是在貴族之間推選，王位的繼承常伴隨暴力。32 位西哥德國王裡，有 10 位被爭奪王位的對手暗殺。羅德里哥（Rodrigo）是西哥德王國最後一位國王。

傳說羅德里哥國王從多雷托（Toledo）皇宮的窗戶，看見在大和（Tajo）河邊沐浴的佛倫琳達·拉·卡巴（Florinda la Cava）一見傾心。未徵得她父親的同意，就將她納爲情婦。此舉惹怒了她的父親胡利安（Julián）。

身爲統治直布羅陀海峽塞戊達（Ceuta）城市的公爵，胡利安可說掌控著西班牙的門戶。決心復仇的胡利安，敞開大門，讓阿拉伯人入侵伊比利半島。

西元 711 年，趁著半島上西哥德王位繼承之爭，阿拉伯人從北非攻入西班牙，並以科羅多巴（Córdoba）爲政經宗教中心。

一開始，伊斯蘭政府在西班牙並非是獨立的，它由王子或稱酋長國（emiratos）組成，受哈里發國（Califato）的管轄。西元 756 年科羅多巴（Córdoba）的哈里發國（Califato）獨立自主。在阿巴第拉曼二世（Abderramán II）和阿巴第拉曼三世（Abderramán III）的統治下，從西元 756 年到 961 年開始了一段最輝煌、耀眼的文化時期。

作爲首都，科爾多巴（Córdoba）是歐洲最文明繁華的大都會。基督徒、阿拉伯人和猶太人和睦相處，儘管他們本身的文化宗教很不一樣，仍能合作，在醫學、植物學、數學和其他科學的領域取得重大成就。

阿拉伯人傳入古希臘文化和哲學，如果不是這些西班牙裔阿拉伯人，西方世界很可能永遠不會知道亞里斯多德哲學。長達八個世紀統治時期間，阿拉伯人對西班牙民族的性格、文學、藝術有很大的影響。

之後幾百年的時間裡，穆斯林世界分分合合，到了 11 世紀半島上北方的天主教王國逐漸南下收復他們眼裡的領土。

西元 1236 年，卡斯提亞王國奪回科羅多巴市，此後天主教徒不斷挺進拿下塞維亞（Sevilla）、穆爾西亞（Murcia）等當時重要的穆斯林城市。西元 1492 年，半島上阿拉伯人最後的根據地格蘭納達（Granada）被基督徒收復，結束了回教徒在伊比利半島長達七百多年的政治統治。

(三) 光復運動La Reconquista

沒有受到伊斯蘭軍隊控制的西班牙基督徒，他們在阿斯圖里亞斯山脈的科巴東各（Covadongo）聚集，他們任命貝拉尤（Pelayo）爲第一任西班牙王朝的國王。西元 718 年，在被入侵之後的第 7 年，基督徒在科巴東各（Covadongo）贏得了第一場對抗阿拉伯人的戰爭。在這場勝利之後，西班牙基督徒開始了無數的游擊戰來反抗阿拉伯人入侵。這場歷史悠久的戰爭被稱爲光復運動（Reconquista），持續了八個世紀。戰事不是永不停歇的，許多時期阿拉伯人和基督徒是和平共存的。

光復時期決定了西班牙政治和經濟的走向。當基督徒開始收復領土，伊比利半島分割成幾個獨立的諸侯和對手，這些原屬各方諸侯的地區，像是阿斯圖里亞斯（Asturias）、阿拉貢（Aragón）、加里西亞（Galicia）、納瓦拉（Navarra）、卡斯提亞與雷翁（Castilla y León）和卡斯提亞．拉．曼查（Castilla La Mancha），都有其自身的性格與不同，時至今日在政治文化上的絕對的一統仍舊需要時間來達成。

伊莎貝爾（Isabel）是卡斯提亞（Castilla）的女皇，費南多（Fernando）則是阿拉貢（Aragón）的國王。在那個時候阿拉貢（Aragón）雄踞了伊比利半島東方的三分之一，包含了加泰隆尼亞（Cataluña）。30 年不到，卡斯提亞 - 阿拉貢（Castilla - Aragón）成為新的帝國，西班牙國王的軍隊成功的進入了格蘭納達，這個城市是阿拉伯人最後的據點，最後一任哈里發國王玻阿帕笛爾（Boab-dil）被民間傳誦著一句話：失去阿拉布罕宮，哭得像個小男生【llora como un niño la pérdida de su Alhambra】。

1492 年結束了光復戰爭，同時 1492 年標誌著西班牙歷史非常重要的一年：首先，結束了阿拉伯人在西班牙領土的統治。其次由於哥倫布發現新大陸，西班牙帝國延伸到美洲。很悲傷的是這一年天主教國王下令驅逐猶太人。

三、近代史

近代史從天主教王國起至波旁王朝（Casa de Borbón）復辟止（西元 1492-1874）。

西班牙天主教國王（Los Reyes Católicos）結束了中世紀，開始了西班牙的文藝復興時期（Renacimiento）。16 世紀，歐洲其他地區還是封建制度的形式，西班牙已經完成了領土的統一，開始了現代國家的建設，建立第一個殖民帝國。國家的統一，在某種程度上是表面的，因為從中世紀開始，伊比利半島上是多元的文化，不同的文化和宗教並存。除了希望領土的統一，西班牙國王更希望宗教的統一。

大部分的西班牙人是天主教徒，但是，當時仍然有許多猶太教徒，他們雖然可以自由地維持他們原先的信仰，天主教徒並沒有吸收到伊斯蘭回教徒在宗教信仰上包容的精神。大多猶太教徒來自非洲的北部，他們大約在 11 世紀的時候來到西班牙。這個時期是阿拉伯人統治伊比利半島，西班牙天主教國王對於那些沒有改奉天主教的猶太人想要給予處罰。為此他們在 1481 年成立了宗教法庭（Tribunal de la Inquisición），尋找與懲罰異教徒，打壓一切非正統，尤有甚者在 1492 年更下令驅逐所有的猶太教徒。

這個不人道的措施，驅除了當時 165,000 名猶太人。50,000 名改信天主教的猶太人留下來。猶太人對於國家的繁榮有著重要的貢獻。他們之中有些人操控商業金融、銀行。其他猶太人則是重要的醫生，擔任政府重要的行政工作。驅除這些猶太人造成西班牙重大的損失。今天有許多西班牙猶太人被叫做 sefarditas，他們生活在歐洲的南部，土耳其，非洲的北部，現今以色列以及美國。雖然五個世紀以來已經沒有生活在西班牙，但是在家庭生活中他們還是講著 15 世紀的西班牙語，被稱作 ladino。

(一) 摩爾人Moriscos

摩爾人就是那些征服伊比利半島後定居在這裡的阿拉伯人。他們有些被迫改信天主教，大部分仍然信仰伊斯蘭教。摩爾人他們從氣候乾燥的國家引進了灌溉系統，同時致力於農業發展。他們在天主教徒這一塊土地努力耕耘。17 世紀初期，因為宗教的因素，大約有 400,000 名摩爾人被驅逐出境，也因此造成許多農地的荒廢。

(二) 發現美洲新大陸

發現美洲新大陸可以說是西班牙歷史上重要的事件之一。在西班牙天主教國王統一之後，整個國家開始瘋狂地投入開發廣大的美洲新大陸，這是一個未知的世界。但是美洲新大陸的發現是一個偶然的意外，哥倫布是義大利人，他先前有一個偉大的計畫，找尋一條新的航道，通往中國。伊莎貝爾女皇給他 3 艘三桅輕快帆船（carabelas），分別命名爲平塔號（la Pinta）、尼亞號（la Niña）、聖瑪利亞號（la Santa María）。由 120 位西班牙水手掌舵，從西班牙南部 Palos de Moguer 出發，在海上航行兩個月後，於 1492 年 10 月 12 日發現美洲新大陸。之後哥倫布又做了另外三次美洲新大陸的航行，哥倫布皆以西班牙天主教國王的名義佔領殖民地。前半個世紀是殖民地最高峰時期，西班牙的征服者讓西班牙變成世界上第一個海上霸權的帝國，那個時候西班牙才只有 800 多萬的人口。

(三) 卡洛斯五世Carlos V de Austria（Carlos I de España）

西班牙天主教國王的女兒華娜（Juana），又稱爲瘋女（la Loca），西元 1506 年繼承了西班牙的王位。她和有美男子（el Hermoso）之稱的菲利浦一世（Felip I）結婚。他是哈布斯堡王朝的成員，在今天的奧地利（Austria）。根據傳說華娜（Juana）後來瘋了，是因爲菲利浦一世（Felip I）在 1506 年過世。但也有可能是因爲政治的陰謀，源自於她的丈夫和他的父親，以及後來他自己的兒子。這些計謀根據歷史學家的說法，造成了華娜（Juana）從很年輕的時候就被囚禁關了起來，一直到死。

他的兒子奧地利卡洛斯五世（Carlos V de Austria），在西班牙稱爲卡洛斯一世（Carlos I de España）。他從 1516 年到 1555 年統治西班牙，是最後一個羅馬日耳曼血統的帝國。卡洛斯五世（Carlos V）又稱爲神聖羅馬帝國皇帝。因爲他是西班牙天主教國王的孫子，他繼承了西班牙王位以及廣大美洲的統治權，義大利、大西洋以及非洲的北部。他是菲利浦一世的兒子，也接收了今天荷蘭、比利時、盧森堡、芬蘭、法國北部以及法國東部省份。所有這些地區形成了西班牙帝國領土的一部分。所以有一句話說，西班牙統治下，太陽永遠沒有下山的時候。卡洛斯一世不會說西班牙語，但是他卻把西班牙當作是他自己的祖國。

卡洛斯五世（Carlos V）延續他的祖父母西班牙天主教國王的帝國和宗教政策。西班牙天主教國王爲了西班牙和美洲宗教的統一，卡洛斯五世是爲了歐洲宗教的統一而奮鬥。16 世紀的前 50 年宗教改革氛圍籠罩了整個歐洲。卡洛斯五世可以忍受馬丁路德（Martín Lutero），但是他無法理解宗教改革。在信仰上，卡洛斯五世是不讓步的，寧可對抗他的對手法國佛朗西斯哥一世（Francisco I），英國亨利八世（Enrique VIII）、德國新教徒王儲，還有土耳其人。

(四) 菲利浦二世Felipe II

卡洛斯五世（Carlos V）在征戰半個世紀之後，疲憊不堪，於西元 1555 年退位。住到猶斯特修道院（Monasterio de Yuste），位在今日埃斯特雷瑪杜拉（Extremadura）自治區。

他的兒子菲利浦二世（Felipe II）繼承皇位，三年之後卡洛斯五世（Carlos V）駕崩。菲利浦二世（Felipe II）從 1555 年繼位到 1598 年。他是西班牙歷史上最受爭議的、有權勢的國王。菲利浦二世（Felipe II）對許多人來說，是西班牙最偉大的帝王；然而對其他人來講，特別是外國的歷史學家，他只是一位獨斷暴君。他延續父親的政策，因循他的執政，統治的方法。但是在宗教上，他堅持西班牙的政權凌駕於那些想要獨立的地區。他的意志遠超過他的父親。荷蘭，對西班牙來說是一個很嚴重的問題，雖是他繼承了他父親。雖然菲利浦二世繼承了卡洛斯五世在荷蘭的統治權，卻無法令大部分信仰新教的荷蘭老百姓改奉天主教，打消獨立的念頭。菲利浦二世派遣阿爾巴伯爵（Duque de Alba）到荷蘭去統治。他受到指示，不可退讓。若有需要，武力鎮壓，即使流血也必須維持政權和天主教的統治。對許多西班牙人來說，菲利浦二世（Felipe II）是一個小心的國王，他會仔細計算衡量他的策略。他是一個極權主義者，一個勤勞的君王。雖然他在各部門針對重大事件都會諮詢，但是他是唯一的決策者。菲利浦二世（Felipe II）持續他父親對抗法國的戰爭。西元 1557 年征服了巴黎北邊的 San Quintín。爲了慶祝這一個勝利，他建造了艾斯各里亞修道院（Monasterio de El Escorial）。另一個勝利是 1581 年將葡萄牙納入西班牙的版圖。那一場戰爭是由阿爾巴伯爵（Duque de Alba）指揮作戰勝利的。

(五) 雷邦都戰役La batalla de Lepanto

1553 年君士坦丁堡落入土耳其人的手裡。因爲土耳其海盜的影響，地中海不允許任何外國船隻航行。西班牙、教皇、維也納共和國組成了一隻 200 艘船的艦隊來對抗土耳其海軍。奧地利璜（Juan de Austria）是艦隊司令，是卡洛斯五世（Carlos V）的私生子，菲利浦二世（Felipe II）的兄弟，1571 年這支軍隊在希臘雷邦都港灣（golfo de Lepanto）大獲全勝。土耳其軍隊慘敗。在這場戰役中，塞凡提斯（Miguel de Cervantes）失去了右手臂。從此人們稱他爲偉大的雷邦都獨臂人（Manco de Lepanto）。戲劇作家羅貝．得．貝卡（Lope de Vega）也驕傲地參與了這場戰役。

(六) 無敵艦隊La Armada Invencible

菲利浦二世（Felipe II）渴望成爲英國的國王，好讓英國的清教徒變成天主教徒。此外，有名的英國海盜就像是佛朗西斯．德雷克爵士（Sir Francis Drake）、約翰．霍金爵士（Sir John Hawkin）捕獲了西班牙的船隻，同時奪取了美洲的一些港口。爲了達成他的計劃，菲利浦二世（Felipe II）和英國瑪麗亞·都鐸（María Tudor de Inglaterra）結婚。但是這位皇后1558年去世，沒有生下一個孩子來繼承英國的皇位。英國的伊莎貝爾（Isabel de Inglaterra）是亨利八世（Enrique VIII）和安娜·波萊娜（Ana Bolena）的女兒。安娜·波萊娜是菲利浦二世的死敵。1587年伊莎貝爾下令處決天主教徒瑪麗亞·艾斯圖阿多（María Estuardo），她同時是蘇格蘭（Escocia）和法國的女皇，只因她對菲利浦二世採同情的態度。

由於這些因素，菲利浦二世（Felipe II）準備了歷史上最強大的艦隊（escuadra），稱它爲無敵艦隊（Armada Invencible）。由130艘船組成，超過30,000個水手。聖克魯斯侯爵（El Marqués de Santa Cruz）是西班牙非常優秀的海軍水手，他組織了這艘艦隊，但是在開戰前不久他去世了。爲了取代他，麥地那西多尼亞公爵（Duque de Medina Sidonia）被任命，他不想接受這個責任，因爲他完全不了解海事，此外還會暈船。菲利浦二世（Felipe II）這樣回答他：「不用擔心，眞正的海軍艦隊的司令是上帝。」結果，暴風雨的因素，加上英國海軍較高的船速，以及毫無海軍指揮能力的麥地那西多尼亞公爵（Duque de Medina Sidonia），無敵艦隊最終在1588年一戰潰不成軍。

(七)政治與社會

16世紀西班牙的國王被認爲是神的化身，有至高無上的權力，在國王之上就只有上帝。

卡斯提亞王國負責整個國家內部的管理。國王底下有一位總理，16位國王任命的顧問團。一些行政職位可以用買的，也只給一些家族成員。政府議會幫助國王處理政治、外交事務。從16世紀開始，法庭就很少開會，因爲他們不敢否決國王的意志。社會階層的頂端是有血統的貴族，這些貴族有許多特權，他們不用繳稅，有些人甚至不承認國王的地位和權力。

西班牙天主教國王統治時期貴族仍然是一個特權的階級。西班牙修士永遠是保守支持專制的，他們享有社會至高無上的尊嚴。神父、修女、修士的數量持續增加，教士組成了大部分的西班牙人口。騎士（caballeros）和紳士（hidalgos）是尊貴的窮人階級，低於貴族，但是卻非常以血統感到驕傲。

中產階級致力於商業和工業，壟斷了外國利益。西班牙最上層的人從事軍火，教會事務，但不用工作。社會最後一個階級是那些徒手的勞動者，被稱爲 villanos，意思是平民、老百姓。有些人是自由工作者，有些人則是貴族的僕人。他們必須負擔絕大多數的賦稅，同時也是最辛苦工作的一群。

(八)農業、畜牧業和工業

當時農業的生產並不足以提供全國所需，此外，很多耕地因爲缺乏人力荒廢了。西班牙的人口減少是因爲移民到新大陸，還有持續的戰爭，猶太人被驅逐，摩爾人被驅逐。

貧窮主要原因是人口的減少，從 15 世紀到 16 世紀人口從 8,000,000 人降到 6,000,000 人。

畜養綿羊是最大的經濟成果，銷往英國。在安達魯西亞、多雷托（Toledo）、穆爾西亞（Murcia），羊毛工業非常重要。總而言之，16 世紀西班牙是世界上最強大的帝國，歷經了西班牙天主教國王、卡洛斯五世和菲利浦二世。但是這樣的偉大功績，並沒有帶給西班牙人民和平，任何社會福祉，好的生活。西班牙在戰爭中，失去無數的生命，家園的土地被荒廢。菲利浦二世之後，整個帝國迅速的衰敗。

(九) 帝國的衰落

帝國的衰落可以從他失去政治、軍事的優勢，經濟破產這些方面看出來，他是第一個現代化的國家，建立起來的帝國，也是第一個失去第一強國名稱的國家。儘管如此，西班牙人民族的價值觀，本質上沒有任何改變。16 世紀兩個偉大的國王卡洛斯五世（Carlos V）和菲利浦二世（Felipe II），之後繼承者菲利浦三世（Felipe III）、菲利浦四世（Felipe IV）和卡洛斯二世（Carlos II），這三位是最後奧地利皇家（Casa de Austria）的成員，他們的統治歷經了整個 17 世紀。17 世紀前半葉，西班牙的貧窮源自於 16 世紀的戰爭。當西班牙老百姓覺得他們沒有什麼事情可做，那股自信心隨之而散，繼之而來的是整個帝國的衰敗。17 世紀的國王比較喜歡娛樂、享受，而不想管理國家。他把所有的權力放給他們寵信的貴族，他們不治理國家反而帶頭去歌劇院，開宴會，揮霍國家的財富。在經歷許多軍事慘敗，17 世紀，西班牙失去了荷蘭、芬蘭、盧森堡，葡萄牙以及北非的一些地區。結果是西班牙不再是歐洲的強國。如前面所述，正式的衰敗源自於經濟蕭條，老百姓的飢餓，17 世紀的西班牙可以流浪漢小說（la novela picaresca）爲代表，反映出這個時期的社會眞實面目：一個快餓死的人仍將他的悲慘隱藏在身爲貴族的驕傲心底。

1640 年，加泰隆尼亞居民，特別是農民起而反抗絕對的中央集權主義，拒絕爲了菲利浦四世（Felipe IV）發動的戰爭，而對加泰隆尼亞居民徵兵。加泰隆尼亞人想要從西班牙分離出來，組成一個獨立的共和國，法國人支持他們，但是他們很快地發現法國是想要占據加泰隆尼亞。內戰結束於 1652 年，但是並沒有解決西班牙對於加泰隆尼亞的中央集權制度。

四、18、19世紀的波旁王朝

(一) 菲利浦五世與王位繼承戰爭

從1516年到1700年奧地利哈布斯堡皇室（La Casa de Austria）統治著西班牙。哈布斯堡王朝最後一任國王卡洛斯二世（Carlos II）是一個心理有疾病的國王，其行爲像是被施了巫術。他死後沒有子嗣，所以歐洲各個皇室開始了爭奪西班牙王位的外交戰爭。最後是法國的波旁王朝路易士十四世贏得了勝利。也因此菲利浦五世（Felipe V）被加冕爲第一位西班牙波旁王朝的國王，他是路易士十四世的孫子。他在位期間從1700年到1746年。波旁王朝持續統治西班牙一直到1931年。現任的國王菲利浦六世（Felipe VI）是屬於波旁王朝的家族成員。

路易士十四世曾高喊道：「法西之間已經沒有庇里牛斯山了」，就是因爲法國外交的勝利。當菲利浦五世抵達西班牙，隨即說到西班牙和法國已經不是分開的兩個國家，而是兩個兄弟國了。但是這場勝利卻造成了「王位繼承戰爭」（Guerra de Sucesión）。這是一場同時是國內也是國際的戰爭。雙方一邊是菲利浦五世，另外一邊是希望繼承皇位的大公爵卡洛斯（Carlos），他是奧地利的皇帝雷歐波爾多（Leopoldo）的兒子。英國、荷蘭支持卡洛斯；對加泰隆尼亞人來說，無論是西班牙人還是法國人繼承，都是中央集權，令他們害怕，不過他們仍支持卡洛斯。

戰爭從1702年打到1713年。主要戰場在西班牙，也發生在義大利、法蘭德斯和美洲，最後1713年簽訂了烏之列和平協議（Utrecht）。所有的國家承認菲利浦五世是西班牙的國王。但是西班牙失去了義大利的統治權，而且必須讓出直布羅陀（Gibraltar）。也就是從這時候開始，英國佔領了直布羅陀。它像是打開地中海的一把鑰匙，可以保護大英帝國在世界其他地區的航道樞紐。西班牙每次大選後執政的政府總是希望收回這塊土地，但是在這一點上面，英國一直到今天始終堅持不鬆手。

(二)開明的專制體制

波旁王朝前三任國王菲利浦五世（Felipe V）、費南多六世（Fernando VI）和卡洛斯三世（Carlos III）從西元1700年到1788年統治西班牙。雖然帝國持續衰敗，但是還是看得出工商業上進步的徵候。卡洛斯三世任命的部長們充滿了愛國意識，讓當時的政治環境有所改善，稱之爲波旁王朝「開明的專制體制」。加強了國家的福祉，可惜的是並沒有給予人民參與政治的機會。

卡洛斯三世（Carlos III）從1759年統治到1788年，他愛好和平，但是英國的海盜船總是挑釁攻擊西班牙在美洲大陸的商業船隻。基於這個理由，西班牙財政上支持喬治華盛頓（George Washington）將軍，派遣軍隊幫助美國對抗英國的獨立戰爭。

17世紀西班牙的農業、工業和商業發展非常顯著地衰退。但是到了18世紀開始，因爲政府有很好的政治經濟政策有復甦的景象。也是在這段時間開始了巴斯克地區（Euskadi）的經濟發展，這也得感謝在這兒上流自由派的貴族們對於工業技術和農業改革感到興趣。當時貴族和教會擁有西班牙大多數的土地，小地主在當時是很少的。卡洛斯三世著名的官員加斯帕．麥可．喬維拉諾斯（Gaspar Melchor de Jovellanos），他制定的法規讓土地分配更公平。

如我們所見，西班牙的國王以被上帝賦予的神權行絕對專制。在西班牙歷史上最能表現所謂民主傳統的是議院（Las Cortes）。這個體制在中世紀就建立了，不過在哈布斯堡王朝的極權統治下早已失去了它的權力威信。

18世紀末法國大革命（la Revolución Francesa）的自由思想吹

到了西班牙，美國獨立也是一個範本，這些來自國外的運動衝擊了西班牙人的思想，他們開始思考建立一個人民執政的共和國。西班牙的自由人士非常有心地吸取了這些思想。不過一開始他們顯得非常保守，只想要建立一個憲法的專制體制（monqrquía constitucional）。

(三) 拿破崙侵略

在卡洛斯三世開明專制之後，延續的是卡洛斯四世（1788-1808）膽小的專制。他是一位懦弱懶惰的國王。他把統治權交給了曼努維爾．哥多宜（Manuel Godoy），這位弄臣是皇后的人。由於一己之私哥多宜（Godoy）他接受了拿破崙的要求，被迫向英國宣戰。這是違反西班牙利益的，結果1805年法國和西班牙的聯合軍隊被英國納爾遜（Nelson）將軍率領的軍隊，在西班牙南部特拉法爾加（Trafalgar）外海被打敗了。

第二年拿破崙跟哥多宜（Godoy）說，如果他答應法國的軍隊能夠借道西班牙來入侵葡萄牙，同意給他王儲的身份。愚蠢的哥多宜沒有懷疑，竟答應這項要求。結果事實證明拿破崙是想要侵略西班牙。法國的軍隊在1808年長驅直入，侵略伊比利半島（La Península Ibérica）。

如同小說的情節和陰謀，拿破崙將卡洛斯四世（Carlos IV）囚禁，包括他的兒子費南多七世（Fernando VII）。這些被軟禁的西班牙皇室在法國過的卻是奢華的生活，於此享受榮華富貴之時，拿破崙入侵西班牙。他任命他的哥哥荷西（José）為西班牙的國王，從1808年到1814年統治西班牙。他能統治其實是得到拿破崙的支持。西班牙人認為所有的法國人都是酒鬼。他們叫這個國王「酒瓶貝貝」（Pepe Botellas）。

(四) 獨立戰爭

拿破崙忽略了一件事：西班牙老百姓的尊嚴。他認為可以玩弄西班牙老百姓就好像是欺騙國王一樣。有些西班牙的上流社會人士被稱為「喜好法國者」。他們支持拿破崙，因為他們相信法國大革命的理想，還有一些政治因素。但是西班牙人民卻是大規模挺身反抗入侵者。反抗拿破崙軍隊的既不是國王，也不是西班牙的軍隊，而是無組織的老百姓。他們只有一個共同的理念，驅逐入侵者。這一場不對稱的戰爭從 1808 年持續到 1814 年。不論是男人女人，甚至連小孩都拿著僅有的武器，小刀、棍子、燒燙的油，打一場游擊戰爭（guerrillas）。拿破崙的軍隊數量上占有絕對的優勢，佔領許多城市，但是從來沒有能夠完全控制整個西班牙領土。反觀西班牙老百姓埋伏在各個角落，用蠶食的方式殲滅拿破崙的軍隊。這就是西班牙著名的獨立戰爭。就在西班牙老百姓為他們的獨立奮鬥同時，被囚禁在法國的西班牙國王反而是向拿破崙恭賀他在西班牙的勝利。1810 年新的議會在加地斯（Cádiz）選舉產生。這是唯一沒有落入法國人手裡的城市。這個議會是「加地斯議院」的前身（las Cortes de Cádiz）。1812 年宣布西班牙歷史上的第一部憲法，承認君主立憲政體，人民的統治權以及其他自由的思想。最後西班牙人民在英國人威靈頓（Wellington）公爵領導的軍隊下驅除了拿破崙的軍隊。

諷刺的是在獨立戰爭之後西班牙人民對「加地斯議院」的自由主義漠不關心。他們沒有懲罰費南多七世，反而迎接他成為專制的國王，而且高喊萬歲。他是一個極端專制的國王，而且強力鎮壓自由的思想。費南多七世的專制極權統治從 1814 到 1833 年。

(五) 西班牙美洲的獨立

在對抗拿破崙獨立戰爭的那些年，「加地斯議院」以及費南多七世的暴政正好和大部分美洲殖民地也想爭取獨立的時間遇上。三個世紀以來，西班牙美洲生活在殖民地政權之下，專制的西班牙國王同時也是美洲大陸專制的國王。美洲的統治者被稱爲總督，他們以西班牙君主的名義來統治美洲殖民地，實際上他們是眞正的掌權者。西班牙能夠維持美洲殖民地的政治統一是因爲西班牙的專制體制也在美洲完全實踐。

西班牙在美洲主要的活動是開採豐富的礦石，這爲帝國帶來了巨大的財富。其他活動還有農業、畜牧業的發展，以及傳教讓當地廣大的土著改信天主教。西班牙在美洲的貿易維持絕對的壟斷，同時輸出當地的土著和黃金來支撐西班牙的宗教戰爭。於此同時教會下令建造數以千計的大教堂，這些教士們有著強烈的宗教信仰，希望教育當地的土著，使他們變成天主教徒。因此當時已有 9 所大學在中南美洲設立。

促成美洲獨立的兩個重要因素，首先是北美殖民地獲得勝利。他們證明了美國的民眾只要團結一致，在共同的理念之下，他們可以爭取到獨立。其次，許多受過教育的愛國主義者非常了解法國大革命的事實和他們的理念，他們向世人證明了自由平等與博愛的思想。不過這些想法在當時僅止於少數人內心的想法。特別的是這些人他們雖說反對殖民統治的總督，可是卻忠於西班牙的國王卡洛斯四世（Carlos IV）和費南多七世（Fernando VII）。舉例來說，拿破崙入侵西班牙前的兩年，英國人曾短暫的佔領了布宜諾艾利斯城市（Buenos Aires），拉丁美洲人反而是支持他們的祖國西班牙。

(六) 卡洛斯主義者戰爭

費南多七世死後西班牙分成兩大陣營：一個是保守溫和的自由派，他們想要費南多七世的女兒伊莎貝爾（Isabel）繼承王位，在當時她只是一個三歲的小女孩。專制主義者他們要卡洛斯（Carlos），費南多七世的兄弟，繼承王位。最後是伊莎貝爾二世繼承王位，從 1833 年到 1868 年統治西班牙。專制主義者又被稱爲卡洛斯主義者

（carlistas），也就是傳統主義者。他們之中許多人住在巴斯克，從 1833 年到 1840 年以及 1872 年到 1876 年，發動了兩次殘忍的內戰。卡洛斯主義者這兩場戰爭都失敗了，國家也崩潰了。西班牙人政治上形成的分裂也為後續 1936 年的另一場血腥內戰埋下了伏筆。

(七) 伊莎貝爾二世與暴動

伊莎貝爾二世這位皇后被許多西班牙人冷眼相待與忽視。她在位期間政治不穩定，國家衰敗，局勢是一團混亂。她統治 45 年間公佈了六次憲法，先後更換了 41 個政府，還有 15 次軍事政變。

(八) 第一共和（La Primera República）

19 世紀歐洲一些自由主義的思想也進入到西班牙，這個運動受到許多軍隊裡自由派人的支持，還有中產階級的認同。結果胡安・普里姆（Juan Prim）將軍和其他的軍事將領在 1868 年發動了一次革命。伊莎貝爾二世（Isabel II）女皇被驅逐出境離開西班牙。為了替代她的位置，普里姆（Prim）將軍他帶著義大利國王的第二個兒子阿瑪迪歐・得・薩博亞（Amadeo de Saboya），將他推為憲法上的西班牙國王。但是阿瑪迪歐（Amadeo）是一個溫和派好人，執政兩年後就被迫退位。他沒有辦法掌控詭譎的局勢以及西班牙人分裂的政治局面。議會（Las Cortes）宣布投票支持第一共和（la Primera República），但僅僅只維持了 26 個月。這麼短的時間卻有 4 位總理。他們都是自由派，有良好的企圖心以及愛國之心，但是沒有一個人有能力在這麼短的時間將無政府的狀態結束。

再一次軍隊按耐不住，在 1874 年發動一場軍事政變，結束了第一共和（la Primera República）。將軍們宣告阿爾豐索十二世（Alfonso XII）為國王，他是伊莎貝爾二世（Isabel II）的兒子。傳統的專制體制復辟。波旁王朝（Casa de Borbón）的兩位國王阿爾豐索十二世（1874-1885）和他的兒子阿爾豐索十三世（1886-1831）統治西班牙。這段期間是歷史上大家所認知的「君主復辟」（la Restauración）。

(九) 阿爾豐索十二世（Alfonso XII）

復辟後的第一項行動就是宣告1876年憲法，這部憲法是保守溫和的。他們建立了一個繼承君主憲政的體制。國會分成上議院（Senado）和下議院（Congreso de Diputados）[2]。承認言論、集會自由。天主教是國教，接受公證結婚（不採用宗教儀式的結婚）。

當時也組成了兩個政黨：一個是保守黨（Conservador），由安東尼奧·卡諾巴斯·德爾·卡斯提尤（Antonio Canovas del Castillo）來領導；另一個是自由黨（Liberal），由普拉赫德斯·馬第歐·薩加斯塔（Práxedes Mateo Sagasta）來領導。他們彼此之間有一個協議，輪流執政，建立平衡、穩定、持續的政府。這一段期間被稱爲和平轉移（turno pacífico）。

幾乎所有的省份都有地方的政治首領（caciques），他們的使命就是買票，對選舉的結果造假，同時威脅那些投票者。這些政治欺騙並沒有受到處罰，那些首領都是肆無忌憚，自認爲受到馬德里有權勢的政府高層保護。在這樣的條件下怎麼可能會有良好的民主制度的運作。

五、阿爾豐索十三世到佛朗哥將軍

20世紀的西班牙是一個衝突劇烈的年代，它的特點是努力追求民主現代化的政府。在一定程度上不可否認已經取得些許成果，但是這樣的成果並非沒有流血，跟後來的西班牙內戰，死了一百多萬西班

[2] Senado是上議院，又稱參議院；Congreso de Diputados是下議院，又稱眾議院。

牙人相比，差不了多少。

(一) 阿爾豐索十三世（Alfonso XIII）

阿爾豐索十三世（Alfonso XIII）父親過世後他才出生沒多久，他的母親瑪麗亞．克里斯汀娜（María Cristina）皇后攝政到1902年，也就是這一年，阿爾豐索十三世（Alfonso XIII）開始掌全執政。他一開始展現他恣意妄為的想法，更換了所有的部長，不尊重國會，從1902年到1923年先後更換了33個政府。

阿爾豐索十三世（Alfonso XIII）面對的最大政治問題是西班牙摩洛哥。1906年在阿爾赫斯拉斯（Algeciras）舉行了一場國際會議。會議中決定西班牙和法國瓜分摩洛哥，但是分給西班牙的部分只有法國的1/25，而且都是山脈和蠻荒土地。此外，摩洛哥人在阿卜杜勒．克里姆（Abd-el-Krim）這位老戰士軍事政治的領導下，開始追求獨立。西班牙為了維持在摩洛哥的統治，必須支出龐大的軍費和人力。1909年在巴塞隆納發生了罷工，就是我們今天所知道的悲慘星期（Semana Trágica）。那是一個流血的衝突，死了100多個人。在那場罷工事件裡，市民反對摩洛哥戰爭，同時反抗徵召加泰隆尼亞的勞工。有些涉入罷工的軍人是無政府主義者，他們也對抗資本主義者和加泰隆尼亞的政客。西班牙人民為他們的非洲帝國付出了高昂的代價，卻沒有得到任何實質的結果。阿爾豐索十三世（Alfonso XIII）的統治失敗了。儘管犯下諸多的錯誤，1914年第一次世界大戰（Primera Guerra Mundial）解救了西班牙的政權，這是由於西班牙在整個世界大戰裡保持中立。這個中立對西班牙的經濟非常有利。他們開始發展農業和工業，產品增加出口。有錢人賺更多錢，窮人改善他們的工資。戰爭結束後，西班牙成為世界第四大黃金儲備國。

(二)社會的衝突

從 1874 年帝王專制的復辟到第一次世界大戰，西班牙的社會算是有一段非常平靜的日子，但實際上社會內部的衝突卻越演越烈。西班牙因此分裂成兩大個水火不容的陣營：一個是資產階級，另一個是勞工階級。這個衝突後來演變成階級鬥爭。

勞工階級主要是由兩個工會組成，一個是勞動者總聯盟（la Unión General de Trabajadores = UGT），巴布羅‧伊格雷西亞斯（Pablo Iglesias）是創立者；另一個是全國勞工聯盟（Confederación Nacional del Trabajo）是一個無政府的工會組織。西班牙是世界上少有的幾個無政府運動非常強烈的國家。1909 年特別是在巴塞隆納，眾所周知的悲慘星期（Semana Trágica）社會的抗爭異常的劇烈和血腥。80% 的勞工屬於「全國勞工聯盟」。罷工事件不斷地擴大，資方和勞方對他們各自的訴求互不相讓，甚至達到彼此仇恨至死的地步。

勞工生活困苦，資方不願意做任何讓步。勞工要求完全的改革，取消資產階級。在巴塞隆納的街上，刺殺時有所聞。不論是勞方或者是資方都有人被槍殺。馬德里中央政府對這個問題卻無法拿出解決的辦法。

(三)普力默‧得‧里維拉將軍獨裁專制

除了階級的抗爭，政治局勢也每況愈下，加上摩洛哥問題，還有地區性的衝突。許多加泰隆尼亞人想要自治，他們其中一些人追求的是完全獨立。爲了解決這些困境，布里莫‧得‧里維拉（Primo de Rivera）將軍到國王的同意，從 1923 年到 1930 年建立了一個軍事獨裁政權。

一開始大多數的西班牙人接受獨裁體制，因爲大家對於政府、國會議員毫無競爭力和腐敗感到厭倦。這個情形一直到社會黨（Partido Socialista）開始和獨裁體制合作有了改變。布里莫‧得‧里維拉

（Primo de Rivera）將軍是一位獨裁者，他消弭了摩洛哥的叛變，鋪設了品質很好的公路。他的統治期間正好和世界的繁榮處在同一個時期。另一方面，它廢除了報章雜誌的自由以及工會集會的權利，還有其他憲法的保證。參議院（Senado）和國會（Congreso）也通通被取消了，地區性嚴重的分離主義，還有社會階級鬥爭這些問題一直沒有得到解決。

獨裁體制的最後幾年，所有的西班牙人，甚至連軍隊都反對這位獨裁者。布里莫．得．里維拉（Primo de Rivera）將軍被所有的人拋棄。他在 1930 年辭職，流放到巴黎，幾個月後就過世了。

布里莫．得．里維拉（Primo de Rivera）將軍被罷免後，西班牙全國舉行了普選。當下的難題是老百姓要在君主專制和共和體制之間選擇。最後老百姓投票反對君主專制，阿爾豐索十三世（Alfonso XIII）變得孤單無助。最後，前往巴黎。1931 年 4 月 14 日「第二共和」（La Segunda República）宣布成立。這在當時是一個沒有流血的革命。西班牙人民爲這樣的成果喜極而泣，照理說西班牙應該是轉變成爲一個民主現代化的國家，正義應該獲得伸張，但是這只是人民希望的假象，一種幻想。

(四) 第二共和（La Segunda República）

西班牙的第二共和只維持了幾年，從 1931 年到 1939 年。這些年是西班牙歷史上非常艱困血腥的日子。社會組織，政治制度都必須轉型，爲了達成這一目標首先需要的是一部憲法。爲了這樣的目的，1931 年選舉了「國會議員憲法委員會」（las Cortes Constituyentes），共和黨和社會黨的議員佔了大多數。尼瑟多．阿爾卡拉．薩莫拉（Niceto Alcalá-Zamora）是一位有錢的天主教徒、保守主義者。他是第二共和第一任總統。曼努埃爾．阿薩尼亞（Mañuel Azaña）擔任政府第一任總理。也就是說共和黨和社會黨共同組成了這個政府，肩負改革的使命。

1931 年 12 月 9 日第二共和憲法制定，這在當時是歐洲最進步和自由的一部憲法，雖然有些宗教和烏托邦的性質。憲法第一條說到西班牙是一個勞工的共和國。總之，這是一部進步、和平的民主憲法，所有的地區享有自治權，有著更廣大的社會計畫。這也是第一次西班牙的政權和教會分開。對西班牙來說，這些法令通過被視爲具有革命性的意義：離婚、工作合約、軍隊人數降低、女人擁有投票權。同時也宣布農業改革，像是租稅，土地強迫耕種，因爲在西班牙有廣大的土地是荒廢的。不過共和國做的最重要的一件事是設立了 20,000 所公立學校。這是西班牙最需要的。

(五) 社會抗爭

一般而言，軍隊、教士和有錢人是右派組織，他們不想要改革的政權。何塞．桑胡爾霍（José Sanjurjo）將軍 1932 年 8 月 10 日發動軍事政變，摧毀第二共和。但這一次失敗了。高層的教士從來都不接受教會和國家政治分開。一些有錢的資本主義者將他們的財富資金始終放在銀行裡，或是把他們的錢匯往國外，目的是拖垮共和國的經濟。另一方面，改革的社會主義者認爲第二共和過於資產階級化和保守，他們不接受片面改革計畫，而是要完全的改革，消除社會階級制度。雙方彼此互不相容的結果就是持續不斷的政爭，社會、政治處於緊繃狀態，不斷地有罷工，燒毀教堂、修院，示威抗議活動。

1933年的選舉第二共和的溫和派獲勝，他們被稱爲激進黨（Radicales），天主教黨則被稱爲人民行動黨（Acción Popular），黨魁是吉爾．羅伯斯（Gil Robles）。他們共同組成了右派政府，僅僅只維持了兩年，目標只是鎮壓左派人士。

(六) 阿斯圖里亞斯（Asturias）

1934 年社會主義的勞工組織和分離加泰隆尼亞分離主義者，他們聯合發動一場對抗激進黨（Radicales）和天主教黨的改革。這個運動就是大家所知道的阿斯圖里亞斯革命《Revolución de Asturias》，因爲主要的成員都是阿斯圖利亞斯自治區的煤炭礦工。阿斯圖利亞斯的礦工幾乎佔領了這個區域，在那邊建立了一個改革的社會主義政權。這個革命只有維持了兩個星期，他們彼此之間內部也有強烈的內鬥，政府也從摩洛哥派遣了摩爾人軍隊來對抗他們。上千的囚犯被處決，有些則被嚴刑拷打，西班牙的監獄充滿了左派人士。在當時估計整個西班牙約有四萬的政治囚犯，幾乎都是改革的工人。

(七) 人民陣線和內戰

政府對於阿斯圖利亞斯的改革運動採取鎮壓的方式，這是不尊重和輕蔑的態度，也造成了政府的下台解散。1936 年 2 月 16 日，重新舉行了選舉。西班牙的未來將在這些選舉決定。幾乎全國所有的政治力量分成兩大水火不容的陣營。左派組成了人民陣線（Frente Popular），主要組成份子爲社會主義者，共和黨人士和一些共產黨。右派則在吉爾．羅伯斯（Gil Robles）的領導下組成，他們吶喊著「所有的權利給領袖」。右派裡主要是長槍黨（la Falange），由荷西．安東尼奧．布里莫．得．里維拉（José Antonio Primo de Rivera）在 1933 年建立。他是獨裁者米格爾．布里莫．得．里維拉（Miguel Primo de Rivera）的兒子，是義大利獨裁者墨索里尼的追隨者。人民陣線獲得了 4,700,000 票，雖說贏得選戰的勝利，但右派也拿到近四百萬票選民的支持。基於這個原因，共和國人士沒有辦法組成一個強而有力的政府。在人民陣線選舉之後，政治的氛圍越來越具煽動性，人民開始擔憂會有一場流血的革命。一些人認爲軍隊可能會叛變，另外有些人面對廣大的無產階級感到害怕，因爲他們要求一個農民和勞工改革的政府。

再一次在西班牙的歷史上，軍隊採取了主動。1936 年 7 月 17 日一個指標性的暴動點燃了西班牙內戰（Guerra Civil）。這場內戰是由佛朗哥將軍主導，他們叫他做首領（Caudillo），也就是後來西班牙的獨裁者。在西班牙專制長達 36 年。這個原本是左右翼對立的衝突，最後演變成內戰和社會革命。和佛朗哥將軍站在同一邊的是軍隊、教士（除了廣大的巴斯克神職人員），以及上流社會；而勞工階級和窮苦的農民，部分的中產階級，特別是那些自由的知識份子，是站在共和派這一邊。不過還有廣大的一派未表態，游移在這兩派之間，保持中立。

內戰開始的幾個星期，佛朗哥將軍佔領了摩洛哥（Marruecos）、安達魯西亞（Andalucía）、埃斯特雷瑪杜拉（Extremadura）、加里西亞（Galicia）、阿拉貢（Aragón）、卡斯提亞（Castilla）北部這些地區，但是西班牙其他地區他並沒有拿下。幾個主要的城市，馬德里、巴塞隆納和瓦倫西亞反倒是讓無組織的老百姓獲得勝利。內戰對抗的不是區域，而是意識形態，右派主義者對抗左派主義者。在西班牙的每個角落，馬德里和巴塞隆納是共和派的主要城市，布雷格斯（Burgos）、薩拉曼卡（Salamanca）則是佛朗哥的。佛朗哥軍隊又被稱爲國民軍（nacionales）。

西班牙政府欲振乏力，過於疲軟，無法維持社會秩序。內戰期間，人民不斷地抗爭，肆意屠殺，放火燒掉地方教會。他們稱共和派的人爲紅色（Rojos）。不論是內戰期間或是內戰之後，許多共和派人士在佛朗哥將軍的命令下被槍決。著名的詩人 Federico García Lorca 就是內戰下被佛朗哥槍殺的犧牲者。

(八) 外國勢力的介入

當希特勒和墨索里尼開始介入西班牙的內戰，這場戰爭其實就是第二次世界大戰的前哨戰，他們把它當作武器的一個試驗場。1936年的8月墨索里尼派遣了大約100,000的義大利士兵，志願者參加西班牙的內戰。他們也支援戰機給國民軍。幾個星期之後，蘇聯和墨西哥，儘管他們有自己國內的問題，仍派遣軍隊來支援共和派人士。內戰期間大約有40,000名反法西斯主義者志願參與了這場戰爭。特別是共產黨，他們成立了國際縱隊（Brigadas Internacionales），他們來自世界各地，包括超過3,000名來自北美的自願者。

民主政權像是英國、法國、美國採取了消極的政策不介入，不過大多數的國家是參與其中的。德國派遣了最優良的軍隊和先進的科技，遠遠優於其他介入的國家。這樣不參與的消極政策變成是虛僞的，內部有些共和國人士更在意的是做改革而不是贏得戰爭，但等到他們想做改變的時候已經太晚了。上述所有的因素成就了國民軍的勝利。

(九) 戰爭的結果

內戰打了將近三年，一直到1939年的四月初。我們永遠不知道西班牙人內戰期間的死亡人數，所有的統計都只是大約估算。有人計算，前線的戰爭大約有將近1,000,000人死亡。約有200,000的西班牙人是因爲政治或社會的因素被暗殺。大約一百萬的西班牙人必須離開西班牙。在內戰結束的時候他們多數去法國或是去拉丁美洲。五十多萬間的房子和兩千多座教堂被摧毀，十三位主教以及七千多位教士被紅派暗殺，十六位巴斯克的神父被國民軍處決。整個西班牙的硬體設施幾乎全部被摧毀，所有的經濟、金融全部消耗殆盡。戰後沒有人處理這個混亂的局勢，更糟糕的是，就像是發生在其他國家的內戰，西班牙人分成了兩派，勝利者和被打敗者。這樣的悲劇在西班牙歷史上是前所未有的。

(十) 內戰的後期

經歷了三年的戰爭、改革、飢餓和屠殺，西班牙老百姓已經厭倦了，他們只想要和平，希望一個可以團結他們，組織他們，帶他們從悲劇中走出來的政府。不過，他們並沒有看到兩陣營妥協讓步下建立起的一個國家，相反地出現了一個在佛朗哥將軍統治下的獨裁政權。這位獨裁者並沒有團結所有的西班牙人，反而是帶領著他的支持者，用復仇式的鎮壓對待被他打敗的人。在內戰後的前 10 年，西班牙老百姓幾乎被世界所遺棄，他們忍受飢餓挫折。在西班牙長久的歷史上，這十年是從未有過的時期，他們稱 1940 年代的西班牙爲飢餓的年代。

第二次世界大戰期間，佛朗哥將軍採取的政治手段是靈活外交，他幫助納粹希特勒來回應之前所獲得的幫助，不過他並沒有對同盟國宣戰。反法西斯主義的西班牙老百姓相信希特勒的倒台意味著西班牙民主理想的勝利。希特勒確實倒台了，可是西班牙的專制政權仍然繼續，一直到 1975 年佛朗哥將軍死去。

六、現代史

(一) 觀光業蓬勃發展的時代來臨

從 50 年代開始，佛朗哥獨裁政權也意識到經濟的衰落下滑。造成的原因是因爲法西斯（fascista）自給自足的經濟計畫沒有辦法再繼續下去。佛朗哥也注意到，必須要打開門戶和其他國家開始建立對外的經濟關係，未來才能生存下去。政府開始制定計畫，不僅鼓勵外資來國內投資，同時也要吸引觀光客。觀光事業成爲解救當時貧窮落後，經濟危機的主要方法。「西班牙不一樣」，這些佛朗哥時代的公務人員和部長們這樣宣稱。對他們來說，他們熱衷於國家的經濟和技術的提升，他們希望將西班牙建立成一個廉價消費的形象，也就是說來自任何一個國家中產階級的老百姓可以在西班牙這一片土地上享受陽光渡假。然後這些觀光客帶來的金錢有助於西班牙經濟的改善。

50 年代有一批向外移民潮，他們大部分是來自於埃斯特雷瑪杜拉（Extremadura）、安達魯西亞（Andalucía）這兩個地區的老百姓，主要是移民到德國和英國，也有些到西班牙北部，特別是加泰隆尼亞地區，因爲在那邊有比較多的工作機會。這些移民的外籍勞工寄回家裡他們部分的薪水。從 1955 年開始西班牙人民的生活有實質的改善提升，顯而易見的，經濟的大幅提升是來自於國外的資金。

儘管看到國內經濟的快速進步，但是嚴格的審查制度，驅逐、流放，打壓的陰霾在50年代仍然持續著，一直到獨裁者去世才有所改變。

嚴格的審查制度就像是一個隱形的鎭壓機構，只是基於資訊和觀光部門的意志，照他們部長的說法：「西班牙渴望和其他民主國家建立經濟文化交流的關係，前提是只要這些民主進步國家，他們的自由思想和計畫不污染西班牙國內的政治氛圍，維持他們舊思維：『西班牙不一樣』」。

曼努維爾・弗拉加・伊里巴爾尼（Manuel Fraga Iribarne），1966 年佛朗哥死後，他成爲保守派總理的候選人，他原本是負責資訊和觀光部門的工作。在他的領導下，審查制度變成自我審查的方式。政府宣告：作家、記者、電影導演等等必須執行各個行業自由裁量權，以不傷害國家最重要的三個機構：一是政府，也就是佛朗哥將軍的政府，二是軍隊，三是教會。從此，這些出版社編輯和作家必須嚴格地遵循審查者制定的規範，同時受到資訊和觀光部門的監視。

佛朗哥將軍在位的最後幾年，社會和政治的批評聲越來越強烈。一些反對派色彩濃厚，有異議的雜誌像是【Triunfo y cuaderno para el diálogo】發表文章，公開批評政府。學生組成示威遊行抗議，他們訴求更多的政治自由；還有工人的罷工，要求組成政府以外的獨立的工會。

70 年代反對佛朗哥政權的抗議聲日益高漲，這位獨裁年邁的將軍，垂垂老矣，他的政權也日薄西山。反法西斯主義的行動最爲激烈。在巴斯克（Euskadi）這一地區的居民，儘管受到獨裁政權的鎮壓，他們堅持保留民族的自我認同，以及母語巴斯克語。這個訴求受到大多數巴斯克居民的支持，從 60 年代開始，艾達組織（ETA = Euskadi Ta Askatasuna Tierra y Libertad vascas）反對佛朗哥將軍，他們藉由一連串不合法的行動激烈地抗爭，像是綁架，行竊，攻擊、暗殺國民警衛隊（Guardia Civil）。佛朗哥政府的回應是拘留，槍決，在這個地區執行一系列更嚴厲的控管政策。

1973 年這個組織的一個部門暗殺了總理路易斯．卡雷羅．布蘭科（Luis Carrero Blanco）上將。他是位超民族主義者。雖然佛朗哥在 1969 年任命當時的王儲璜．卡洛斯（Juan Carlos de Borbón）作爲他政權的繼承人，但是實質的政治權力是準備交給布蘭科（Luis Carrero Blanco）上將。布蘭科（Luis Carrero Blanco）上將冷峻，又是虔誠天主教徒。艾達組織（ETA）在馬德里的一個街底隧道安置炸藥，當上將的車經過時，引爆炸藥，司機和上將當場命喪黃泉。恐怖暗殺後沒多久，佛朗哥將軍也去世。巴斯克地區的問題自始至終都沒有解決。

(二) 過渡時期

1975 年 11 月 20 日佛朗哥久病後去世，西班牙人民殷切渴望民主制度的建立。由於獨裁者生前已經宣布，西班牙應該會成爲一個君主立憲（monarquía）的國家。許多西班牙人懷疑其動機，同時也擔憂社會會回到內戰時期的暴力環境。但是剛上任的國王璜．卡洛斯（Juan Carlos l de Borbón），他是阿爾豐索十三世（Alfonso XIII）的孫子，堅持國家應走向民主的道路。他任命阿道爾夫．蘇瓦雷茲（Adolfo Suárez）爲總理。這位總理隨即開始籌劃自 1936 年以來西班牙的第一次選舉。他釋放了許多西班牙政治犯，讓巴斯克的旗幟合法化。1976 年的 9 月同意加泰隆尼亞地區的人民慶祝他們的國家慶典。這些在佛朗哥將軍的時代是絕對禁止的。隔年西班牙共產黨（el Partido Comunista Español）合法化。共產黨在專制體制下也是被禁止的。1977 年的選舉代表著歷史性一刻，象徵著西班牙的民主穩定更加持久，更能挺得住風雨。這是對自由的堅信以及宣示反對迫害。這一次參與投票的人數達到法定 80% 以上的人口。

在這次選舉中，西班牙人民之間也建立了具有掌控當下政治潮流的黨派。右派是舊的佛朗西斯哥主義者（franquistas），以及前專制政權既得利益者（afirmadores de ventajas y logros）。這個政黨稱爲人民聯盟（Alianza Popular），由曼努維爾．弗拉加．伊里巴爾尼（Manuel Fraga Iribarne）領導。人民聯盟之後改稱爲人民黨（Partido Popular），由黨魁荷西．瑪麗亞．阿茲納爾（José María Aznar）領導。當時政治核心的候選人是民主中間聯盟（UCD = Unión Centro Democrático）的阿道爾夫．蘇瓦雷茲（Adolfo Suárez）。民主中間聯盟（UCD）政黨贏得了選舉，阿道爾夫．蘇瓦雷茲（Adolfo Suárez）成爲西班牙國家的第一位總統（presidente）。第三大政黨是西班牙社會主義工人黨（Partido Socialista Obrero Español）由費利佩．岡薩雷斯（Felipe González）領導。他第一次只贏得了 28% 的選票（voto），但是在接下來 1982 年的選舉，他贏得了絕大多數的選票。從 1982 年到 1996 年費利佩．岡薩雷斯（Felipe González）成爲西班牙的總理。

1977 年新的國會議員開始討論新憲法（constitución）的細節條文，1978 年，新憲法的架構開始草擬，之後國會同意，最終在西班牙人民舉行公投（referéndum）通過。這部憲法解決了某些基本的問題，讓民主制度能夠堅定的執行。例如：憲法規定西班牙政府是一個君主立憲體制（monarquía constitucional）的國家。另外，也將教會和政府區隔開來，確定西班牙沒有所謂的官方宗教。根據這一部直到今天依然有法律效力的憲法，明確規範國王是政府軍隊的領導者，但是除了這項權力之外，國王並沒有太多的行政權力（poder adminitrativo），他只能夠在國會同意之後任命總理。

國會（las Cortes）分成兩院（dos cámaras）：眾議院（Congreso de Diputados）和參議院（Senado）。眾議院350席的議員是由普選選出來的，參議院266席的參議員則是每一個省份有四位代表，也是選舉出來的。然而許多伊比利半島上政治和歷史的問題仍然未獲得解決。負責制定這部憲法的委員選擇傾聽各方聲音，整合上述所有政黨的意識形態。正因爲這個態度，產生了某些模糊的空間以及缺乏執行效率。此外，自治區法律也打開了某些地區自治的道路。但是一些非常有民族主義色彩的地區像是加里西亞（Galicia）、加泰隆尼亞（Cataluña）、巴斯克（Euskadi），特別是巴斯克地區，那裡的居民對這樣的自治法規並不是很滿意，認同。

阿道爾夫・蘇瓦雷茲（Adolfo Suárez）試著解決民族主義的問題，他跟巴斯克的領導者談判，同意給予巴斯克地區一項自治計畫：讓他們可以有自己的國會、政策和司法制度。這項自治計畫在1979年10月一次公民投票通過。但是艾達（ETA）並不這樣看待自治法這件事情，相反地，他們認爲政府有不誠實的意圖，試著想要把巴斯克地區殖民化。接下來的幾年，阿道爾夫・蘇瓦雷茲（Adolfo Suárez）和民主中間聯盟（UCD）被所有其他的政黨攻擊。1981年的冬天他辭職下台。

1984年政府通過了反恐法，按照其中一些條文的規定，反而削弱了憲法裡追求的民主原則。例如：警察可以隨意拘留逮捕恐怖主義的罪犯。儘管沒有任何犯罪事實被起訴，也可以詢問他。這樣的法規充滿了模糊空間和粗暴。面對政府這樣的無能作爲，對於自治區的問題依然無法解決，再加上艾達組織（ETA）一連串的恐怖暴力行爲，這個國家的穩定始終備受威脅。

(三)政變

對西班牙民主最大最嚴重的威脅並非是艾達組織（ETA）所引起的，也不是其他任何獨立行爲造成的。1981 年 2 月幾乎就在阿道爾夫．蘇瓦雷茲（Adolfo Suárez）辭職之後，發生了一次軍事政變。這是一次精心策劃的政變行動，日後在許多地區產生影響。國民警衛隊（la Guardia Civil）安東尼奧．泰耶羅．莫利納（Antonio Tejero Molina）上校，是一位憲警上校，他帶著 150 名軍人，全副武裝拿著機關槍和步槍進到國會。他們佔領整個國會（Congreso）同時，把所有國會議員當作囚犯俘虜。但是這些人並不是唯一需要對政變負責的人，大約有 30 幾個軍官他們早已知道政變的計畫，他們所有的人都留在各自的軍營，等待國王，三軍統帥的宣告。但是國王璜．卡洛斯一世（el Rey Juan Carlos I）始終堅定遵守忠於憲法，並指出那些軍人的行爲是不道德、不名譽的。這些軍人看到國王堅持民主憲政的態度，最終出來投降，並依民主法治的程序被逮捕。

在這個事件插曲之後，證明了西班牙的民主是可靠而且持久的。政變標誌著伊比利半島的歷史，其中一個階段結束了。

(四)自治區的體制現況

西班牙國家持續存在最嚴重的問題可能是懸而未決的自治區的政府體制。1978 年生效的憲法試著解決伊比利半島上各區地理位置和文化差異很大的情況。雖然憲法的初衷是想要重新組織一個國家，建立在所謂自治區（comunidades autónomas）的概念底下。從 1979 年開始，這個區域的劃分已經付諸實行，但是並未獲得預期的成果。民族主義和自治的狂熱並沒有燒退，反而是愈加強烈。民族主義的政黨（Los partidos nacionalistas）像是巴斯克民族主義黨（Partido Nacionalista Vasco），以及統一與聯盟黨（Covergencia i Unió）在幾次的選舉都獲得了重大的勝利。統一與聯盟黨是由侯爾狄．布后爾（Jordi Pujol）領導的一個加泰隆尼亞地區的政黨。他們的勝利也讓加里西亞自治區的老百姓感同身受，蘊釀另一個不安氛圍。上述所有的一切，再加上獨立造成的暴力事件，這些問題始終是這個國家得面對的嚴重困境。不過幾年後，人們再次議論政府和支持獨立的人應該坐在談判桌上協商。毫無疑問地大多數的西班牙人對於暴力政治已經感到厭倦。1988年的9月艾達組織（ETA）提出停火（tregua）協議。

(五) 費利佩．岡薩雷斯&西班牙社會勞工黨（PSOE）

費利佩．岡薩雷斯（Felipe González）是西班牙社會勞工黨（PSOE = Partido Socialista Obrero Español）的黨魁。這一位西班牙社會勞工黨的領導者，1982年依照憲法舉行政黨選舉，他贏得了47%的選票。這是在後佛朗哥時期二十年來獲得最高的選票，超過任何其他政黨。

在阿道爾夫．蘇瓦雷茲（Adolfo Suárez）集權領導停止之後，以及右派政變的失敗，西班牙人民期盼「改變」，這個口號就是西班牙社會勞工黨（PSOE）他們使用的宣傳語言，再加上傳播媒體的推波助瀾，改革（reformas）的聲音愈發強烈，也讓年輕的世代充滿了期望和憧憬。

西班牙社會勞工黨不同於卡爾．馬克思（Karl Marx）的社會主義，比較像是一個民主社會黨，或者說他其實就是一個西班牙版的自由政府政黨。他們提供資金援助（ayuda financiera）和基本的需求，像是健保、教育、退休俸。換句話說也就是歐洲版的國家福利制度。

費利佩．岡薩雷斯（Felipe González）主要是靠年輕的選票進到西班牙總理府。他競選時的政策就是創造800,000個就業機會來解決嚴重的失業問題。但是很快地人們發現到這一個承諾要實現是非常困難的，因爲跟歐洲其他國家相比，西班牙的經濟體質是相當脆弱的。失業率在他執政的前幾年不斷升高，從 1982 年的 16% 升高到 1986 年的 22%。面對一些經濟問題，政府採取了介入市場自由運作的矛盾措施，費利佩．岡薩雷斯選擇吸引更多的外國資金來投資，幫助西班牙現代化。

1986 年，西班牙社會勞工黨（PSOE）帶領西班牙參加的兩個國際組織，這是在佛朗哥政權的時代不可能的外交政策。一個是歐盟（UE = Unión Europea），另一個是北大西洋公約組織（OTAN = Organización del Tratado del Atlántico Norte）。後者是一個對抗前蘇聯的軍事聯盟，目的在保衛當時主要的西歐國家。

西班牙加入歐盟（UE）之後經濟上的收入大爲提升，主要歸因於新的市場讓西班牙的產品有銷售的出路，以及歐洲主要的企業投資挹注了西班牙的經濟。但是對於西班牙的中產階級市民仍存在著問題：消費的物品價格持續上漲，而失業率仍然很高。西班牙人確定的是：罷工（paro）或者是失業（desempleo）是費利佩．岡薩雷斯最大的國營企業。

費利佩．岡薩雷斯認爲西班牙要現代化就必須加入北大西洋公約組織（OTAN），但是這一個態度對許多西班牙人民來說是矛盾的，特別是年輕的族群。依照西班牙社會勞工黨高層的看法，西班牙的政府必須參與歐洲政府，也就是歐盟（UE）。對於已經融入現代化進步、改變的這一群年輕人，他們的思想是反美（antinorteamericana）和反軍事主義（antimilitarista）的。西班牙社會勞工黨這一轉變，傾向所謂的現代化的態度，對年輕世代來說是一個背叛，造成跟政府之間的隔閡。不過，對其他人來說，1986 年到 1991 年經濟的快速成長，增加了許多經濟發展的機會，他們樂觀地看待西班牙與歐洲政治經濟結合這一天的到來。

(六)社會勞工黨的沒落

西班牙社會勞工黨（PSOE）失敗最核心的問題並不只是跟經濟有關。雖然西班牙社會勞工黨在國會擁有多數席次，可以掌控各方面的政策，這些利多應該是對這個政黨有絕對的支持度，但是發生了幾件嚴重貪污腐敗的醜聞。1982 年，新聞多次報導社會勞工黨有些高層的官員得到魯馬薩（RUMASA）國營企業銀行的不少利益好處。副總理阿爾豐索・蓋拉（Alfonso Guerra）被起訴濫用他的職權來幫助他的兄弟非法的交易行爲。

反恐怖主義自由組織（GAL = Los Grupos Antiterroristas de Liberación）是造成西班牙政治和諧最大的障礙。不同的民俗文化，地域性的差異在加泰隆尼亞（Cataluña）、加里西亞（Galicia）、巴斯克（Euskadi）這些地區尤爲明顯。佛朗哥將軍死後，西班牙人民面對艾達組織（ETA）不停地製造恐怖攻擊事件。然而西班牙政府竟也開始執行反民主的（antidemocrática）措施，行爲也跟艾達（ETA）組織一樣，搶劫、謀殺、綁架艾達組織的成員。反恐怖主義自由組織（GAL）學艾達組織，用同樣的手法製造暴力事件。從 1988 年起人們逐漸發現到這個組織與西班牙社會勞工黨的高層有關聯，當時的內政部長荷西・巴里奧涅沃（José Barrionuevo）也牽扯在內。這個嚴重的醜聞直指問題的核心，也就是民主的原則。

面對西班牙社會勞工黨（PSOE）這麼多的醜聞，還有攀升的失業率與其政治上的粗暴行爲，這時另外一個右派保守黨人民黨（PP = Partido Popular），由荷西・瑪麗亞・阿茲納爾（José María Aznar）領導，在 1993 年的選舉中獲得了可觀的選票。緊接著在 1996 年人民黨（PP = Partido Popular）獲得了 39% 的選票，僅僅以一兩個百分點的差距贏過西班牙社會勞工黨（PSOE）。這兩個政黨的意識型態（ideologías）並不相同，就國家福利這一政策應採取什麼樣的措施，正好可以拿來當做政治討論的主題，像是大眾交通運輸、醫療、各階段的教育免費、老人的退休俸，在西班牙社會勞工黨執政期間雖然大多數的成員都不希望這些經費預算再被削減，但最終預算仍舊大砍。相反地人民黨（PP）堅定地支持開放市場，國營壟斷事業私有化。此外，主要政黨執政時不能不與小黨的建立聯盟，特別是有民族主義色彩（nacionalistas）的巴斯克民族主義黨（PNV = Partido Nacionalista Vasco de Euskadi），以及統一與聯盟黨（Covergència i Unió）。這是當時的政治氛圍。

自從蘇聯瓦解之後，許多華沙公約組織的國家，也就是舊時代的左派，像是西班牙和一些歐洲國家開始必須修正他們的計畫以及政治的方向。西班牙共產黨（Partido Comunista Español）原本堅決反對加入北大西洋公約組織（OTAN），1986 年他們獲得的選票又大幅縮減，西班牙共產黨被迫改變黨名，稱爲左翼聯盟（IU = Izquierda Unida），希望重新拾回勞工階級的支持。

(七) 馬德里恐怖攻擊2004-3-11

此一恐怖攻擊事件發生在一列近郊鐵路列車上，當時這輛列車正駛進馬德里阿多恰車站（Estación de Atocha）。在十三個土製炸彈中就有十個被引爆。3 月 11 日上午，共有 193 名死難者，2000 多人受傷。此事件發生時間正好爲美國 911 襲擊事件後的 911 天，當時正逢全國大選期間，西班牙各大政黨隨即宣布暫停競選活動。

全國大選因 311 逆轉，在恐怖攻擊事件前的民調顯示，原本執政的人民黨（PP）還維持過半數的優勢。但恐攻爆炸後，執政黨一開始將兇手刻意指向國內獨立恐怖組織，直到調查出爐，媒體證實，這起恐怖襲擊案的幕後黑手是摩洛哥伊斯蘭戰鬥團。2003 年美國攻打伊拉克，西班牙總理荷西・瑪麗亞・阿茲納爾（José María Aznar）採取支持英美聯軍的態度，這與國內民眾的想法背道而馳，人民不滿現任執政黨親美，繼而導致西班牙成爲恐怖攻擊目標。此一爆炸攻擊事件印證了這一觀點，人民黨（PP）選情一夜崩盤，西班牙社會勞工黨（PSOE）再度贏得政權，黨魁荷西·路易斯·羅德里格斯·薩帕得羅（José Luis Rodríguez Zapatero）繼任成爲西班牙新總理。

(八) 加泰隆尼亞獨立事件

提到加泰隆尼亞（Cataluña）這一區的獨立問題，我們必須從他們的歷史淵源說起。15世紀以前，加泰隆尼亞屬於阿拉貢（Aragón）王國統治，後來阿拉貢（Aragón）和卡斯提亞（Castilla）聯姻合併，爲西班牙國家統一向前邁進一大步。也因爲如此，加泰隆尼亞被迫納入西班牙北方統一後的政治領土。從中世紀開始，因其地處法國和西班牙兩國間的緩衝區，加泰隆尼亞人有自己的語言與文化，不願寄人籬下，因此想要自立門戶，獨立建國的想法開始醞釀。

1714年9月11日國王菲利浦五世（Felipe V）宣布，禁用方言、取消自治，這一天也成爲加泰隆尼亞日，紀念被剝奪的恥辱。到了20世紀終於取得自治權，卻又因西班牙內戰（la Guerra Civil 1936-1939）結束，1939年佛朗哥將軍大權獨攬，實行軍人專政，收回各地區自治權，同時禁止使用方言。西班牙語是唯一官方語言。

1975年佛朗哥將軍逝世，老百姓的民主意識抬頭，1978年憲法設立自治區法，各地區再次取得自治權。只是巴斯克地區分離主義日益高漲，恐怖攻擊事件不斷，雖說到了21世紀，ETA組織簽定條約，宣布從2006年3月24日永久停火，2018年5月2日，ETA解散。原本以爲分離主義在國內政治環境逐漸退去，怎知這期間又逢2008年全球經濟衰退，加泰隆尼亞地區原本就是國家稅收重要的財源，常年都是貢獻20%的賦稅，卻沒得到中央政府應給的回饋，甚至倒貼中央政府140億歐元。2006年，加泰隆尼亞地方政府就舉辦過「自治權擴張」公投，獲壓倒性支持得到更大自治權。然而2010

年西班牙憲法法庭卻推翻此決議，收回部份自治權，此舉令加泰隆尼亞人民大爲不滿。獨立的聲音更加強烈。

馬德里中央政府堅決反對，也以憲法爲由，認定地方辦的公投是違憲，甚至國王菲利浦六世（Felipe VI）也表達強硬態度不准公投獨立。2015 年加泰隆尼亞獨派政黨以過半席位通過獨立議案，但總理拉霍伊（Mariano Rajoy）及聯合國（ONU）擔心加泰隆尼亞爭取獨立成功，會在歐洲引起骨牌效應，始終堅持反對的立場。

2017 年 10 月 1 日加泰隆尼亞地方政府無視馬德里中央警告，舉行獨立公投。中央政府爲阻止公投，西班牙人民警備總隊強行關閉了超過 1300 個投票所，總理拉霍伊認爲「警方阻擋投票讓法治得以伸張」，重申「根本就沒有獨立公投」這回事。

加泰隆尼亞自治區政府發言人喬迪·圖魯爾（Jordi Turull）指出，加泰隆尼亞地區合格選民 500 多萬人，230 萬出來投票的選民中，有 200 萬選民投贊成獨立。儘管投票率約 42.3%，開票結果九成民眾支持獨立。

10 月 2 日加泰隆尼亞議會宣布加泰隆尼亞共和國成立。但中央政府立即強行接管加泰隆尼亞政府，開除市長普伊格蒙特（Carles Puigdemont）與多位獨立運動領袖的官員，改由中央任命的官員取代。根據中央所提的措施，加泰隆尼亞警察部隊將在馬德里直接控制下。中央政府準備全面掌控該地區財政，包括預算和稅賦，確保中央政府分配的資源不會幫助分離主義者。不過，普伊格蒙特（Carles Puigdemont）在事件後就遠去比利時。

2018 年 6 月 1 日，西班牙總理拉霍伊（Mariano Rajoy）因國會通過對他的不信任動議，成爲首位被彈劾罷免的首相。在其六年半任內面對了 2011-2016 年的金融危機，加泰隆尼亞獨立運動造成的憲政危機，2014 年老國王璜·卡洛斯（Juan Carlos I）退位，王儲加冕爲新國王，是爲費利浦六世（Felipe VI）。

2019 年全國大選，人民黨（PP）仍擺脫不了上述陰霾，輸給西班牙社會勞工黨（PSOE），得票率來到史上最低點 16.7%，國會眾議院席次 66 位，雖說還是第二大黨，但其國內人民的支持與威望可謂重挫。

勝選的西班牙社會勞工黨（PSOE）黨魁貝德羅・桑奇斯（Pedro Sanchez）出任新總理，表明採取溫和路線以及親歐盟的政策。

西班牙目前主要政黨：

1. 人民黨（PP = Partido Popular）
2. 西班牙社會勞工黨（PSOE = Partido Socialista Obrero Español）
3. 勞工聯盟黨（UGT = Unión General de Trabajadores）
4. 我們能聯盟黨（UP = Unidos Podemos）
5. 左翼黨（IU = Izquierda Unida，）
6. 勞工委員黨（CCOO = Comisiones Obreras）
7. 公民－公民黨（Ciudadanos =Partido de la Ciudadanía）
8. 聲音黨（Vox）
9. 聯盟、進步與民主黨（UpyD = Unión，Progreso y Democracia）

第四單元　奔牛節、鬥牛

本單元我們介紹大家耳熟能詳、最具有代表性的民族文化與節慶，那就是奔牛節與鬥牛。雖然在許多外國人眼中，鬥牛是一項殘忍的表演活動，甚至於有保育人士爲了反對鬥牛表演靜坐鬥牛場上，鬥牛不知好歹，也不領情，頂著牛角直接衝向他們攻擊，結果反而讓自己置身危險。聽起來很諷刺，也很矛盾，不過這也是鬥牛這項運動在人們心中的一種寫照。西班牙人認爲鬥牛是他們傳承的文化，展現出西班牙民族勇敢，不畏挑戰的精神，因此本單元我們就從西班牙人的眼光來認識這項他們視爲藝高膽大的國粹運動。

一、鬥牛的起源與發展

西班牙流傳至今最早的史詩「席德之歌 Cantar del Mío Cid」中已提及鬥牛，此詩歌是歌頌當時的英雄羅德里歌·第亞茲·德·畢巴爾（Rodrigo Díaz de Vivar），他是瓦倫西亞（Valencia）的征服者，西元 1099 年與摩爾人作戰中箭而死。由此可以推測鬥牛的活動約在 11 世紀時就出現在伊比利半島上。另有一說，最早的鬥牛在羅馬帝國時代就有了，只是當時不盛行，一直到摩爾人於西元 711 年入侵伊比利半島才逐漸推廣興盛起來，不過仍屬於上流階層，貴族的活動。16 世紀西班牙國王卡洛斯一世（Carlos I）就曾經親自下場鬥牛來慶祝王子菲利浦二世的誕生。當時的鬥牛是貴族騎著馬鬥牛，他們會利用手持盾牌的步兵分散牛的注意力，好讓受傷或疲累的馬退出，這些步兵也要想辦法讓公牛靠近手持長槍，騎著馬的貴族，以便做最後刺殺的動作。其實手持盾牌的步兵就是後來演變成今日鬥牛士舞著披風引誘鬥牛衝刺的動作，也是人們認爲這是鬥牛具有藝術之美，值得欣賞的因素。最後，若在馬背上無法用長槍解決這頭牛的生命，才委由徒步的人持劍刺殺結束這場鬥牛活動。

不過，也不是所有的人都喜歡鬥牛這項活動，18 世紀來自法國波旁王朝（Casa de Borbones）的國王菲利浦五世（Felipe V）就下令禁止鬥牛，認爲這殺牛的表演太過殘忍，也不願見到皇宮貴族因鬥牛受傷甚至於送命，從此鬥牛脫離了上流社會，轉向民間，這項運動在日後反而更加蓬勃發展。到了 18 世紀中葉，隆達（Ronda）地區出現了一位有名的鬥牛士佛朗西斯哥・多梅羅（Francisco Romero），被尊稱爲「鬥牛之父」。他們一家祖孫三代都是著名的鬥牛士。若以表演刺殺的公牛數來看，第三代的貝德羅・多梅羅（Pedro Romero）最傑出，他從 1771 年到 1799 年一共刺殺了 5600 頭牛，且自己從未被牛給傷害過。也因爲如此，隆達（Ronda），這位在安達魯西亞山城的小鎮被視爲鬥牛的發源地。鎮上的隆達鬥牛場（Plaza de Toros de Ronda）從 1785 年開幕至今已有兩百多年的歷史，是西班牙最古老、美麗的鬥牛場。20 世紀鬥牛的表演愈來愈精彩，規則也趨複雜。著名的西班牙鬥牛士有 Luis Miguel Dominguín、Antonio Ordóñez、César Girón、Pedro Gutiérrez Mayo El niño de la Capea、Francisco Rivera Pérez «Paquirri»、Juan Antonio Ruiz «Espartaco»、等等。

二、鬥牛的過程與規則

西班牙的鬥牛雖說蠻牛不死不收場，但是鬥牛士也有可能失手讓這頭兇猛的公牛贏得最後勝利。同樣在伊比利半島上，葡萄牙並不在場上殺牛，不過表演的過程，公牛仍是經歷刺、插，愚弄擺佈的過程，把一頭一開始兇猛無比的鬥牛，短短二十多分鐘裡折磨得油盡燈枯，繁花落盡，生命轉眼間走到了盡頭。

在介紹鬥牛過程與規則前，我們先認識馬德里拉斯班塔斯（Plaza de Toros de Las Ventas）鬥牛場。因位在首都，它的重要性自然不言而喻，每年鬥牛季節著名的鬥牛士都會在這座鬥牛場表演。它位於馬德里的商業區，1931 年 6 月 17 日開幕。設計的建築師是艾斯貝立悟（Espeliú），從外觀來看，圓拱形相隔廊柱有著摩爾式的風格，裡面圓形的鬥牛沙場，直徑 65 公尺，是目前最大的鬥牛場，可容納近三萬名觀眾。西班牙的生活大致上悠閒，若與西班牙人相約碰面，遲到是不以爲意的。但是鬥牛卻是不等人的，不管你是皇宮貴族，達官顯要，下午五點號角一響，鬥牛從門欄後衝出來，表演就開始了。現今國王菲利普六世（Felipe VI）的大姐愛蓮娜（Elena María Isabel Dominica de Silos de Borbón y Grecia）就是喜好觀賞鬥牛的座上賓之一。

觀賞鬥牛的座位也有不同的等級，若從頭到尾不曬太陽，舒服地看完六頭鬥牛的表演，是票價最貴的陰影座位區（sombra）；相反地，從頭到尾得頂著太陽觀賞，是票價最便宜的陽光座位區（sol）；最後，如果前三頭鬥牛的表演要頂著太陽觀看，而後三頭則不必，那麼這樣的座位（sol y sombra）票價是介於上述兩者之間。

在西班牙有專門培訓鬥牛士的學校以及育種強悍兇猛的鬥牛牧場，例如：位在安達魯西亞自治區加地斯城（Cádiz）的馬可士努聶斯（Marcos Núñez）牧場、卡斯提亞與雷翁自治區的薩耶萊羅與邦德爾斯（Sayalero y Bandres）牧場。幾個世紀以來，人類一直努力保存鬥牛原始野蠻兇猛的本性，將其視爲高貴的血統。從這些牛一出生就開始刺激、訓練牠們，讓牠們在寬闊的牧場草原奔跑，牛仔手持長木棍騎著馬與牠們追逐，不時還用木棍去刺小公牛，激發牠們的野性，小公牛被惹得生氣了，反過來追牛仔，也慢慢懂得使用牠頭頂上的牛角作攻擊。一直到這些小牛長大成熟，牧場的牛仔還得不斷地調教牠們做出上場表演的各項動作：衝刺、頭頂斗篷，轉身再衝等等。

成名的鬥牛士也是從見習鬥牛士開始磨練，在小城鎮按鬥牛的規則表演，這個階段只能鬥三歲以下，兩三百公斤的公牛，只有不斷在眾人面前曝光，累積經驗，才有機會成爲正式的鬥牛士，與五百多公斤的公牛做生死決鬥。成熟的公牛是非常善於使用牠的利器「牛角」去做攻擊，因此所有鬥牛士與其助理扎槍手的表演，在面對公牛貼近時，首要努力地就是閃躲牛角，避免被頂起，騰空飛摔的危險，這一瞬間還要迅速地將扎槍扎在牛背上兩肩胛骨間。觀眾們張大雙眼，屏息觀看鬥牛士過人的勇氣與純熟技藝的同時，也在欣賞他們扎槍、甩斗篷瀟灑流暢的動作，一切宛如在跳芭蕾舞般的高雅姿態盡收眼底。而這十足的剛烈與相對的柔韌好似體現了人世間各種酸甜苦辣，沙場上短短數十分鐘，人牛間一來一往，彼此既崇拜又作生死鬥的競爭，難怪鬥牛流傳幾十個世紀，仍有那麼多人深深爲它著迷，是有原因的。

鬥牛的名稱西班牙語有多種叫法：La corrida de toros、Toreo、Tauromaquia。雖說鬥牛過程有所謂三部曲，這是按照每一段的表演都有喇叭吹奏聲揭開序幕來區隔的。不過，鬥牛士與公牛的競賽先天上就不平等，一頭壯碩的公牛至少五百公斤，又有令人深感威脅的尖牛角，因此人類爲了在二十分鐘內贏得比賽，勢必要定下一些有利自身的規則，讓這場死亡遊戲在有計畫的挑釁下，公牛被鬥得團團轉，最後還得跪倒在鬥牛士的跟前。簡單地說鬥牛的每一步驟都是在削弱公牛的力氣，其中隱藏的哲學不外乎人會利用智來取勝。但是，有時公牛也會贏得勝利，一位鬥牛士就曾赤裸裸地說：「下午五點時正我還是活生生的，到了五點半很可能就到上帝那兒報到了。」

每場鬥牛表演都有三個鬥牛士輪流上場鬥六頭牛，他們三位也是有老鳥菜鳥之分。最資深的負責第一和第四頭牛，第二位資深的負責第二頭和第五頭牛，資歷最淺的負責第三頭和第六頭牛。

鬥牛的表演都在下午，不過在這之前六頭鬥牛早被趕到鬥牛場後的牛欄裡，觀眾們還可以去看他們，甚至從高處的看台向公牛扔擲石頭，藉此了解將上場表演的牛脾氣如何，之後回到酒吧品頭論足一番。表演時間到時，即將上場的公牛，在蜿蜒狹窄的牛巷裡，牠只能獨自向每一扇開啓的門前進，不能回頭，因爲每跨進新的一區，門隨即關上。在出場前牛背上還先被扎一根尖銳的長槍（arpón），這一插讓鬥牛又痛又憤怒一進到沙場拼命就向前狂奔，彷彿有著用不完的力氣，頂著兩隻大牛角，雙眼忿怒地尋找目標出氣，像是在說剛剛誰偷偷地瞟了我一下。

鬥牛士們一步入圓形沙場，最吸引人目光的就是他們一身耀眼炫麗的服飾，披肩上金色鑲嵌而成的條紋裝飾線條，在陽光下閃閃發光，如同英勇的戰士身上掛著無數的勳章，彰顯其身份與榮耀，也顯示出了人們對鬥牛士的尊崇。此外，主鬥牛士的頭上會有一個裝飾性的頭飾，原本在最早的16世紀，當時的鬥牛士會盤髮，不過現代人多翦短髮，爲了保留這個傳統，才使用髮髻作爲主鬥牛士的身分象徵。鬥牛士一襲緊身的服裝，除了突顯優雅的身材，更重要的是有保護鬥牛士的目的，若是穿著鬆垮的衣服，很容易被公牛的牛角勾起發生危險。

整個鬥牛的過程，鬥牛士表演的動作，使用的工具與最後的評審我們依序介紹如下：

- **步驟 1**

下午五點鐘鬥牛表演開始。首先會有一個揭開序幕，繞場的儀式，西班牙語稱爲 paseíllo。伴隨現場吹奏的進行樂曲聲中，首先步入圓形沙場的是騎著馬的前導，一身16世紀的裝扮，緊接著就是三位主鬥牛士（torero 或稱作 matador），他們的後面分別跟著各自的團隊（cuadrilla），每位鬥牛士有三位短扎槍手（banderillero），兩位騎著馬的長矛手（picador）與其助手（monosabio），表演終了將死去的鬥牛拉出場外的騾人（mulillero）與將沙場整平的整沙人（arenero）。每位鬥牛士鬥兩頭牛，共計六頭，每鬥一頭牛的時間約爲20分鐘。這也是爲什麼那位資深的鬥牛士感性地說道：「到了五點半很可能就去見上帝了。」

• 步驟 2

三位鬥牛士繞場一周後，緩緩來到主席台前向主席團鞠躬致意，而那位穿著黑色武士官服的前導則逕向主席台奔去，請求給予牛欄的鑰匙，之後再由他交給鬥牛士。此時鬥牛士與其助手團隊退到場邊，等候指示。

• 步驟 3

大會主席拿出白手帕或揮手示意，此時號角響起，牛欄大門打開，那隻剛被扎一根長槍的鬥牛瞬時衝出來（Salida del toro），鬥牛表演正式開始。

• 步驟 4

鬥牛衝進沙場後，在那等牠的就是拿著斗篷（capa 或稱作 capote）的鬥牛士或者是鬥牛士的助手。斗篷是由二面不同的顏色所組成，一面是紅色，另一面是黃色。此時的鬥牛士是在試探公牛的習性：看牠衝斗篷時是否筆直地從鬥牛士身邊衝過，還是偏右或偏左；用牛角頂斗篷時習慣把右角還是左角提得比較高等等。這個階段的表演西班牙語分別稱爲 VERÓNICA、MEDIA VERÓNICA、CHICUELINA。

首先，VERÓNICA 的意思是鬥牛士迎面公牛，雙手舉起斗篷讓牛衝去的鬥牛技巧。現今 VERÓNICA 的表演都是引誘公牛從鬥牛士的身體一側衝過斗篷。因爲公牛一開始出場時，非常有爆發力，牠會先低頭然後衝頂斗篷，西班牙人又稱這個動作爲 lances de saludo（來回致意）。

• 步驟 5

鬥牛士做完了第一個動作 VERÓNICA，緊接著會換另一個類似的表演動作稱之爲 MEDIA VERÓNICA，這個動作的出現也意味著這個階段引誘公牛衝刺的表演接近尾聲。它的方式也是雙手舉著斗篷讓牛衝去的技巧，只不過斗篷是緊貼在鬥牛士腰際，公牛一衝過斗篷，鬥牛士隨即轉身喊住鬥牛回頭再衝刺。

- 步驟 6

這個階段會表演的另一個動作稱爲 CHICUELINA。鬥牛士也是迎面公牛，雙手舉起斗篷，當公牛做衝擊斗篷時，鬥牛士的身體朝著公牛衝來的反方向半轉，此時他的身體像是被斗篷包覆著，而公牛從其身旁衝過。

- 步驟 7

做完了 VERÓNICA 引誘與了解公牛習性的動作，接下來出場的是騎著馬手持長矛（pica）的長矛手或叫做刺牛士（picador）。馬匹身上都覆蓋著護甲以保護馬不被牛角刺殺，馬的眼睛也被蒙上怕牠受驚嚇，聲帶也被割斷，避免鬥牛衝撞時害怕驚叫，這也是被認爲不人道地方。長矛手不在沙場上與鬥牛近身過招，但這不表示他的工作沒有危險，一頭剛出場表演的公牛兇猛無比，長矛手與其坐騎被掀翻刺傷也時有所聞。

長矛手的工作主要是刺向牛背頸部，讓牠失血，消耗體力，同時讓牛背的肌力減弱些，這樣鬥牛在衝斗篷時，牛角就不會抬太高，造成鬥牛士的危險。長矛刺向公牛時，鬥牛士會從旁觀察這頭牛的習性。用長矛刺牛背還有一個目的是爲主鬥牛士用長劍做最後一擊時打開一個一劍穿心的缺口。最後三位鬥牛士助手手持斗篷上前引開公牛好讓長矛手退場。不過有時公牛被刺痛了，拼命地頂著護甲，愚蠢地以爲弄痛牠的是包著護甲的馬，對上前引誘的鬥牛士反而感到討厭，還會舉起後腳作勢踢人。

- 步驟 8

長矛手退場後，有些鬥牛士會先表演 GAONERA 的動作。這個名稱源自於墨西哥鬥牛士安得烈夫．高爾聶拉（Adolfo Gaonera）他的首創，特別之處是鬥牛士雙手將斗篷持在身體背後，當公牛做衝擊斗篷時，鬥牛士的身體朝著公牛衝來的反方向半轉，讓公牛從其身旁衝過，通常是右側，此時舉起的斗篷滑過牛背。

• 步驟 9

另一個常見的動作稱爲 REVOLERA。鬥牛士在公牛衝過斗篷後，順勢讓斗篷在身邊旋轉飛揚，然後用單手持斗篷，公牛則是揚長而去。

• 步驟 10

第二次號角聲響起，接下來是扎槍手（banderillero）的表演，稱之爲 CITANDO PARA BANDERILLEAR。扎槍手手持兩支木桿製札槍（banderilla）進場。札槍約 70 公分、上面用彩色羽毛或紙作的裝飾，尾端是金屬製的彎勾。扎槍手都是孤身一人站在沙場中向鬥牛發起攻擊，人牛相向對衝，他不僅要將扎槍刺中牛背，還得躲避被牛角（pitón）頂到的危險。

• 步驟 11

這前後有三位扎槍手作此表演，因此也稱之爲 BANDERILLAS DE PODER A PODER 若順利的話，牛背上會有六支扎槍，目的也是讓牛失血消耗力氣。鬥牛雖想甩掉扎槍，但是愈想甩掉，彎勾扎得愈深，更令牠生氣，也好繼續後續的表演。

• 步驟 12

第三次號角聲響起，主鬥牛士正式出場。他身穿金線絲繡成的鬥牛裝，一手持紅布與利劍（estoque）另一手脫帽向主席台及觀眾致意（這個動作西班牙文稱之爲 BRINDIS），隨即展開第三階段的表演：屠牛。

• 步驟 13

主鬥牛士將之前的斗篷換成紅布，西班牙文稱爲 muleta，它是塊大紅布上端用一橫棍撐起。第三階段主鬥牛士表演的招式稱作 pase。例如，PASE DE CASTIGO（又稱作 El doblón）就是鬥牛士雙腳屈膝，此時手持的紅布自然放低，迫使公牛更低下頭來頂紅布，也更清楚看到公牛兇猛的攻擊。

- 步驟 14

ESTATUARIO 是鬥牛士做的另一個動作。他在沙場上站立著不動，雙手持著紅布，等待公牛衝過。

- 步驟 15

DERECHAZO 的動作是鬥牛士用右手拿著紅布近距離的引誘公牛，讓公牛從他身邊衝過去。

- 步驟 16

AYUDADO POR ALTO 的動作出現是鬥牛士用紅布引誘公牛衝頂時，有時公牛會用後腳蹬，前腳抬起並仰角來頂紅布，突顯出牠的爆發力，這時的鬥牛士也順勢拉起紅布配合做出表演。

- 步驟 17

MOLINETE 的動作是鬥牛士手持紅布緊挨著身體，讓公牛衝刺從身旁過去。

- 步驟 18

CITANDO PARA EL NATURAL 是鬥牛士與公牛彼此站立不動，看著對方，準備出擊。從這兒可以欣賞到人牛之間像是有默契存在，只不過這一靜一動似乎都是鬥牛士在主導。

- 步驟 19

NATURAL 的動作是鬥牛士左手持紅布，右手握著鬥牛劍，原本靜靜站立著看著公牛，在抖動了一下紅布，公牛隨即展開衝刺。當公牛衝頂紅布時，鬥牛士順著公牛的衝刺方向，轉身並伸展手臂向後，看似公牛頂不著紅布，隨即移動腳步並誘導公牛回頭再做同樣的動作。

- 步驟 20

PASE DE PECHO 的動作是鬥牛士如 NATURAL 的動作一樣用左手持紅布，右手握著鬥牛劍，公牛從身體左側通過時，左手拿的紅布會稍微舉起至胸前高度，促使公牛抬起頭做出頂紅布的動作。

• 步驟 21

PASE AFAROLADO 的動作是公牛貼近鬥牛士時，鬥牛士舉起紅布繞過頭頂所做的表演。

• 步驟 22

PASE DE RODILLAS 的動作與 MOLINETE 的動作是一樣的，鬥牛士手持的紅布緊挨著身體，讓公牛衝刺從身旁過去，只是鬥牛士是跪在沙場上做此表演。

• 步驟 23

ADORNO 西班牙語是裝飾品的意思。此時的公牛在百般凌虐愚弄之後，如同裝飾品般，力氣將用盡，靜靜地佇立在沙場上，像是在等待生命最後一刻的到來。

• 步驟 24

CITANDO PARA MATAR 是準備刺殺牛。鬥牛士手持長劍，眼睛與長劍齊平，瞄準牛的頸部。

• 步驟 25

ESTOCADA 西班牙語的意思就是「刺」。當鬥牛士持劍看準了準備出手時，公牛也不是呆呆地佇足不動，因爲牠們的本性就是會對移動的目標攻擊，所以這最後一擊就成爲鬥牛士表現其技藝最高境界的時刻。

• 步驟 26

MUERTE DEL TORO 西班牙語的意思就是「鬥牛之死」。成功的一刺，鬥牛沒走幾步就應聲跪下倒地。對鬥牛來說，如此地結束生命，少了更多不必要的痛苦，二十分鐘完美配合的演出也算光榮。

• 步驟 27

TRIUNFO 西班牙語的意思是「勝利」。鬥牛士成功屠牛後會脫帽、接受觀眾的歡呼致意。鬥牛士的獎賞由大會主席團裁定，最普通的是接受人們的鮮花和掌聲。若觀眾們不停地揮舞白手帕，表示滿意，鬥牛士就可以獲得一隻牛耳，表現得更好的兩隻牛耳，這已是很大的成就了。若獲得的獎勵是雙耳加牛尾巴則是殊榮了，這種獎勵並不常見。

• **步驟** 28

ARRASTRE DEL TORO 指的是最後出現三匹騾子將死去的鬥牛拉出場外。旁邊有拉著騾子的騾人（mulillero）與緊跟其後將沙場整平的整沙人（arenero）。

上述我們列舉了一場鬥牛表演（La corrida de toros）鬥牛士應該或會做的表演項目名稱。其中有些是某位鬥牛士的自創招式，在人牛競賽中讓觀眾看得血脈賁張、深得讚賞，也因此成爲後起之秀競相學習演出的項目。除了鬥牛士在沙場上與公牛面對面的做生死之爭，還有一種是鬥牛士騎著馬在沙場上與鬥牛做表演，西班牙語稱之爲 rejoneo。

這種人、馬、牛同時上場的表演，過程與規則與上述鬥牛並無差異，只是人騎在馬上，引誘鬥牛前來攻擊，在面對公牛時，馬首先不能怯懦，還得聽從馬背上的主人指揮做出一系列表演項目，這必須是鬥牛士與馬之間有絕對的信任與勇氣。時下有名的騎馬鬥牛士不外乎 Pablo Hermoso de Mendoza，他曾經讓記者實地採訪他的牧場與表演。這些上場表演的馬，從一出生他本人就親自飼養照料，甚至睡在馬廄裡，經年累月，人與馬培養了信任與默契，才有可能一起面對兇猛的鬥牛，甚至危險時刻，奮不顧身阻擋鬥牛攻擊，搭救自己的主人。Rejoneo 表演的尾聲，鬥牛士從馬鞍上向牛頸背射下最後一劍，此時的公牛已是日暮西山，鬥牛士才從馬背上下來，伴隨著鬥牛步行沒幾步，鬥牛隨即跪倒，一旁的鬥牛士握緊雙拳，大聲地呼喊勝利。

三、結語

談到鬥牛人們都會提到20世紀美國著名的小說家海明威（Ernest Miller Hemingway）。1925年海明威來到潘普隆納鎮觀看奔牛節，爲此深深著迷，隔年在他出版的小說「太陽照樣升起 The Son Also Rises」詳述鬥牛的情景，使得潘普隆納小鎮的奔牛節開始有些小名氣，之後1954年他因「老人與海」一書獲得諾貝爾文學獎，奔牛節因他聲名遠播，家喻戶曉，如今小鎮的奔牛節似乎不再是當地居民獨有的宗教節慶，而是每年全世界的目光焦點。今天在鬥牛場的大門口可以看到海明威的雕像，可以想見小說家對鬥牛的熱情與人們對他的感謝與懷念。海明威稱鬥牛這項運動爲「死亡的藝術」，從最早的史詩「席德之歌」記載鬥牛的史實，至今已將近一千年了，儘管西班牙在繪畫、音樂、舞蹈、文學、體育、電影等各個領域人才濟濟，但這充滿勇氣、技巧、智慧與血腥的運動仍被廣大人民所支持，有著不可忽視的地位。看那鬥牛士的服裝，表演時每個環節緊湊的設計，公牛氣喘吁吁，脊背上血流如注的景象，與鬥牛士手持披風，瀟灑俐落，優雅自然轉動身軀的動作，形成顯著的剛柔對照，公牛體形雖然碩大卻勇猛無知，三不五時還被鬥牛士偷襲將短匕扎槍往牠背脊上狠刺，我們看到的是鬥牛士在短短二十多分鐘內把這頭公牛耍得團團轉，玩弄於股掌之間，這其中不可言喻的奧秘令人玩味，無怪乎海明威稱之爲藝術，既是藝術才會讓人棄之不捨，又如此令人回味著迷、不能自已。雖說保育團體認爲鬥牛是野蠻的活動，加泰隆尼亞自治區的地方議會在2010年通過一項禁止鬥牛的法案，西班牙廣播電視（Televisión Española）也曾經停止轉播鬥牛表演，認爲鬥牛對少年兒童來說太過於暴力。不過，鬥牛，這項已傳承了幾個世紀的文化，不僅文學家塞凡提斯（Cervantes）、詩人羅卡（Lorca）、畫家哥雅

（Goya）、導演阿莫多瓦（Pedro Almodóvar）等，在他們的作品裡都可以看到他們對鬥牛的支持，所以，只要鬥牛的活動繼續，它依然會受到人們的喜愛，與它有關的文藝作品相信也會不斷推陳出新。

第五單元　西班牙節慶

一、主顯節《Día de los Reyes》（1月6日）

1 月 6 日慶祝的三王紀念日也稱爲「主顯節」。這是一個天主教節慶。耶穌出生幾天後，東方三位國王爲他帶來了禮物。在主顯節的前幾天或前一天，一些年長者打扮成三位國王，他們去每個城市的廣場拿取孩子們寫的信。孩子們寫下他們想要的禮物，玩具和其他東西。1 月 5 日，主顯節之夜，父母，家人或朋友穿著東方三位國王的服裝，清晨時他們去孩子們的家送禮物。那些無法打扮自己的家人，會在孩子們睡覺的時候，午夜將禮物放到客廳，孩子們早晨起床時就會看到東方三位國王留下的禮物。這就是爲什麼還有一種習慣，把一些飲料，糖果或餅乾留在桌上給東方三位國王。那天吃 Roscón de Reyes 是一種傳統，這是一個大的甜甜圈形麵包，裡面充滿了乾果和鮮奶油。在加泰隆尼亞地區，還會藏兩個小東西，通常在裡面放一個蠶豆或一個玩偶，拿到那塊大的甜甜圈形麵包裡有蠶豆的人必須請大家吃 Roscón，吃到玩偶（其實是國王人樣）的人可以戴糕點上擺的紙皇冠。

但是，現在隨著聖誕老人逐漸成爲全球的風俗，人們不去教堂，也不再慶祝三王朝聖，而是將其替換爲聖誕老人。在歐洲其他國家只有天主教徒慶祝三王朝聖，西班牙則不分信徒與否都會慶祝。

二、火節《Las Fallas》（3月12日—3月19日）

在瓦倫西亞（Valencia）每年從三月十二日至三月十九日止，人們都在慶祝「燃燒」或稱作「法雅」（fallas）的習俗。所謂的法雅（fallas）指的是上過顏料的彩色木頭或用紙板雕塑，泡沫塑料組合而成的作品，題材可能是諷刺當下的政治人物，或者推出具有代表性的歷史人物、景物，藉此反應人們的心理與社會現象、問題等等。每件作品都是作者費盡心思，努力了一整年，設計展現出來的作品，內容可能帶有挖苦嘲諷，也可能是詼諧搞笑，十足的幽默感。

「法雅」的由來，據說是瓦倫西亞的木匠，以前古早時候，每每冬天晚上得挑燈夜戰工作時，會在木條頂端裝大蠟燭當作照明設備，稱為 parot。後來 parot 上開始放上洋娃娃裝飾，甚至有人用異教徒像、猶大像來互相較勁搞笑。後來在 13 世紀人們轉而用布加上蠟的材料，叫作 ninot，也就是玩偶。最後變成今日的法雅。

木匠的守護神是 San José，他的生日是 3 月 19 日。這一天又是冬天結束，春天開始，日照時數增長，木匠們不再需要挑燈夜戰，索性將剩下沒用完的木材 parot（ninots）燒掉，象徵冬天的結束，慶祝春天的到來。這就是燃燒（fallas）的由來。

慶典期間製成的法雅（Las fallas）陳列在街道、廣場和十字路口。每天下午 2 點在市政府的廣場會點燃煙火，稱之為 Mascletá。三月十七日和十八日人們穿著傳統法雅服飾，舉辦盛大的宗教遊行活動，最重要的是聖母獻花（Ofrenda），可以看見絡繹不絕的人潮走向聖母大教堂（Basilica Virgen de los Desamparados）。三月十九日聖荷西（San José）生日，每年只有一尊首選的法雅不被燒掉，進入博物館陳列。

三、摩爾人和基督徒日《Fiesta de Moros y Cristianos》（4月22日到24日）

這個節慶在西班牙許多城鎮舉行。有些人打扮成摩爾人，其他人則飾演基督徒，在廣場上，分別扮演征服和收復西班牙的戰鬥，也就是西班牙人驅逐入侵西班牙的摩爾人。通常在夏季進行，在每個地方的這個節慶舉行的日子都不一樣。

四、聖人週《Semana Santa》（3月22日至4月25日之間）

在聖週之前，基督教禮儀會慶祝四旬期，這是復活節星期日前的四十天苦修期。聖週爲期七天（從復活節前的週日開始：福音傳達，耶穌受到百姓歡呼擁護進入耶路撒冷，直到下一個星期日，復活節星期日或復活節爲止）。在這七天中，紀念耶穌進入耶路撒冷，被羅馬人捉拿，在羅馬帝國猶太行省總督龐切歐．比拉多（Poncio Pilato）面前被處死，以及紀念他背負十字架前往被釘死處的道路上，後來在同一個十字架上復活。

在聖週，主要的日子是三天：聖週四，聖週五耶穌受難，釘死在十字架上和週日復活。聖週的日期是按照陰曆曆法來決定，所以每年會不一樣。因此，北半球春季開始後的第一個滿月之後的星期日是復活節星期日（也稱爲榮耀日或復活的星期日），可能落在 3 月 22 日至 4 月 25 日之間。

五、聖週五《Viernes Santo》

耶穌受難日是復活節週末的星期五。基督徒準備復活節的三天是聖週四，聖週五和聖週六。

耶穌受難日是基督教最具代表性和最深刻的紀念活動之一。這是聖週的第五天，那天記下耶穌在十字架釘死。在這一天，天主教會要求信徒禁食（齋戒）以及禁慾，如同懺悔。其他基督教團體 —— 如東正教，英國國教徒，路德教會，衛理公會和東正教徒 —— 也紀念這個日期。

六、榮耀日復活節星期日《Domingo de Resurrección (Domingo de Pascua)》

復活節每年在不同的日期舉行，慶祝活動是在春分之後滿月後的第一個星期日。因此，復活節日期落在 3 月 22 日至 4 月 25 日之間。慶祝耶穌的復活。信徒去彌撒。復活節（星期日）的前一週到一週後，這是復活節假期。

復活節（也稱爲榮耀星期日）是基督教的主要節日，其中根據基督教福音，復活節是紀念耶穌基督被釘在十字架後的第三天復活。復活節日達八天。

復活節標誌著聖週的結束，紀念耶穌的死和復活。在聖週之後是爲期五十天的復活節時間，以《聖靈降臨節週日結束》。

由於在東正教教會遵循儒略歷《calendario juliano》，根據格里高利歷《Calendario Gregoriano》，3 月 21 日對應於 4 月 3 日，因此這些社區的復活節在 4 月 4 日至 5 月 8 日之間。

在這一天裡世界各地舉行宗教遊行，像是禮拜儀式。復活節週日的習俗在整個基督教世界各不相同，但復活節彩蛋的裝飾在西方世界許多國家是很普遍的。

七、四月春會《La Feria de Abril》（4月份）

四月在首府塞維亞（Sevilla）的聖週節慶（Semana Santa）過後，人們就開始準備四月春會（La Feria de Abril）的慶典。1847 年 4 月 18 日舉辦了第一屆的牲口市集（Feria de ganado），市集原本三天，後來延長爲六天，由週二至週日。在市集交易期間，人們因爲牲口交易圓滿成功，唱歌搭配當地的佛朗明哥（flamenco）、塞維亞舞蹈（sevillana）慶祝。時至今日，每每四月春會開始，都可見騎士駕著裝飾華麗的馬車，來回穿梭，頭戴高腳帽（sombrero córdoba），身穿傳統服裝（traje campero，chaquetilla corta，calzón y zahones），後面載著穿佛朗明哥或吉普賽服飾的美麗姑娘，會場內成千的帳篷裡不斷傳來載歌載舞，喝酒（manzanilla 或 fino）乾杯的喧鬧聲，呼朋引伴，享受美食，這樣歡樂的氣氛早已替代的原本僅是牲口交易的情景。慶典裡也少不了有個鬥牛表演作爲娛樂節目。

八、五一勞動節《Fiesta del Trabajo》（5月1日）

這天沒有人工作。所有商店都關門，沒有人上課。不像台灣的勞動節，有些人仍然工作。

九、五月二日節《Dos de Mayo馬德里自治區節日》

這個節日在馬德里自治區，不用工作，也不上課。那天馬德里所有市民帶著武器走上街頭，把法國人趕出去。從那天起，獨立戰爭就開始了，拿破崙的軍隊於 1808 年入侵西班牙。

十、聖倚西多節《San Isidro》（5月15日）

聖倚西多節在 5 月 15 日。它主要在馬德里慶祝，除了彌撒和遊行，節日最著名的是鬥牛。大街上也有活動，持續一週左右。

十一、基督聖體節《Corpus Christi》（6月）

在復活節正好 60 天後的一個星期四慶祝基督聖體節。

基督聖體節每年的日期都不同。在《聖靈降臨節》結束之後的第二個星期日，這天與復活節有關。這是一個基督教節日，慶祝聖體聖事，耶穌基督的身體和鮮血，基督與我們同在。這天會舉辦一場聖大的彌撒和街上的宗教遊行。在格蘭納達（Granada），有一個星期的慶典，包括跳舞，佛朗明哥舞台上舞蹈表演等等。以前的慶祝活動是在星期四，之後許多地方改在星期日。後來變成有些地方從星期四到星期日人們都在慶祝。

基督聖體聖血節，也稱爲聖體聖血瞻禮，是天主教會慶祝耶穌的聖體與聖血奉獻的節日。其主要目的是宣告並增強信徒們對耶穌基督在聖禮中的眞實存在的信心，並在聖三位一體的盛大儀式之後於週四公開向他敬拜（禮拜），聖靈降臨節之後的星期日（也就是說，Corpus Christi 在復活節星期日之後 60 天慶祝。）

「聖體聖事」建立的時間是北半球春季第一個滿月後第九個星期日之後的星期四。在某些國家 / 地區，該聚會已移至下一個星期日以適應工作日曆。

十二、過火節《Paso del Fuego》（6月21日）

過火節（Paso del Fuego）和蒙迪達斯盛宴（Fiesta de las Móndidas），也稱爲聖胡安節，是對聖胡安（San Juan Bautista）和佩尼亞聖母（Virgen de la Peña）的紀念活動，每年在西班牙卡斯提亞與雷翁（Castilla y León）自治區索利亞省（Soria）的聖佩德羅 · 曼里克（San Pedro Manrique）舉行。

過火節（Paso del Fuego）最具特色的表演在聖胡安（San Juan）日的晚上慶祝。午夜時分，在三支小號的吹響後，參與者赤腳踩過炭火燒得火紅般的地毯小路。

由於聖胡安節落在北半球夏至日 6 月 21 日開始，跟（非基督教或猶太教）異教徒的節日慶祝進入夏季有關。夏季的日照的時間會愈來愈短（太陽日照每天都是持續少一點的）。這個想法是通過篝火慶典給予日漸減少日照的太陽更多的力量或強度。這個篝火節日在歐洲許多國家都有慶祝。但是，慶祝聖胡安（San Juan）日，又稱為蒙迪達斯（Móndidas）的盛宴，是在一個名為聖佩德羅．曼里克（San Pedro Manrique）小鎮進行的活動：每個穿過煤炭的男人都必須踩著煤炭走七次，並背著一個年輕的女人，一個 móndiga。

西班牙語 Las móndigas 指的是穿著白色衣服的女孩，象徵乾淨與純潔，在赤腳踩過煤炭之前，他們頭頂著籃子走過小鎮。有些人將此習俗與一個傳說聯繫在一起：傳說阿斯圖里亞雷翁國王莫雷加托（Mauregato 762-791 年間統治）每年向一位摩爾國王提供一百個少女，嫁給居住在婦女短缺地區的阿拉伯人。這只是一個傳說。

十三、仲夏夜《Noche de San Juan》（6月24日）

仲夏夜是 6 月 23 日，隔天是聖胡安日。西班牙許多地方都在慶祝。這是一年中最短的夜晚，篝火晚會特別在海灘上舉辦，進行舞蹈表演或音樂會。這是一個異教徒節日，後來傳給基督教，取名聖胡安之夜，因為 6 月 24 日為聖胡安。

聖胡安的基督教節日是 6 月 24 日，也就是耶穌出生前六個月，耶穌誕生是 12 月 24 日。福音指出這六個月是兩者出生日之間的差異。但是，由於兩個夏至日期相隔三天，因此將這個節日定為夏至是不合理的。學者們傾向於這樣一個事實，即耶穌的出生 12 月 25 日與慶祝猶太人光明節或聖殿的奉獻（耶穌是基督徒的新聖殿）。根據這項推理，聖胡安日與夏至的異教徒慶祝活動無關。

聖約翰節是 6 月 24 日，用這一天來慶祝這一節日是因爲這是從耶穌出生前的六個月算出來的。根據福音書，聖母瑪利亞去拜訪了她的堂姐伊莎貝爾，施洗者聖約翰的母親。伊莎貝爾懷孕的時間比聖母瑪利亞懷耶穌的時間長。

十四、擲蕃茄節《La Tomatina》（8月最後一個星期三）

「擲蕃茄節」每年八月的最後一個星期三，在瓦倫西亞（Valencia）布紐爾鎮（Buñol）大街上互相扔 100 多噸成熟的蕃茄。

蕃茄大戰開始於 1944 年，現在很難考究它的起源。期間曾被禁止，但是從 1959 年又開始蕃茄大戰。後來佛朗哥將軍又以「沒有宗教意義」爲理由取締，不過在他 1975 年死後，蕃茄大戰又重新開始。每年約有 30000 人參加，大約是布紐爾鎮人口的三倍。

早上 11 點時載運蕃茄的卡車就來到了布紐爾鎮，他們把蕃茄傾倒在街道旁，等時間到沖天炮響起，蕃茄大戰就開始。爲了避免意外發生，主辦單位制定遊戲規則：(1) 參與者必須戴上護目鏡和手套；(2) 只可投擲蕃茄，其他任何東西都不可以，且丟蕃茄前須將蕃茄揉碎才行；(3) 不可撕扯他人的衣物；(4) 遵守大會指示，蕃茄大戰約兩小時，一旦沖天炮再次點燃響起，表示大戰結束，不可再有扔擲動作，否則將處以罰鍰。

參與者可以到鎮上的公共淋浴間清洗身上的蕃茄汁，街上隨即也會有消防車灑水或用路邊消防水管中的高壓水柱清洗街道。沒多久，這個小鎮又恢復原來的寧靜。

十五、聖費明節、奔牛節《San Fermín》（7月6日）

西班牙的每一個城鎮都有一位守護神、保護神，即宗教信仰中的聖人（Santo o Santa），據說他們會保佑該城鎮的居民。每年聖人的生日來臨，相關城鎮即舉行慶典（Fiesta）來慶祝一番。慶典當天，城鎮裝飾得煥然一新，旋轉木馬（tiovivo）、摩天輪（Noria）、碰碰車（Autos en choque）及摸彩活動齊聚一堂。

大部分的節慶在夏天舉行，一般都有鬥牛（Corridas de toros），奔牛（Encierros）或鬥小牛（Vaquilla）的節目。有些節慶像是在潘普隆納（Pamplona）會出現巨型人像（Gigantes）或大頭像（Cabezudos），前者以紙板做成巨大的人身，後者則大小如普通人，頭部則是以紙板做成巨大的頭像。巨型人像通常以西班牙歷史人物爲依據，例如摩爾國王（Los Reyes Moros）、席德武侯（el Cid）、天主教國王（Los Reyes Católicos）或文學上知名的人物，例如：唐吉歌德（Don Quijote）。

西班牙鬥牛的季節從 3 月 19 日瓦倫西亞（Valencia）的火節（Fallas）開始，到 10 月 12 日薩拉哥沙（Zaragoza）的比拉爾祭（Fiestas de Pilar de Zaragoza）節慶結束。3 月 19 日也是聖荷西（San José）的瞻仰日，他是新約聖經記載中耶穌的養父。10 月 12 日是西班牙的國慶日，這一天也同時紀念哥倫布在 1492 年 10 月 12 日發現美洲新大陸。西班牙國內大小鬥牛場約有 300 座，正式的鬥牛表演在六月到九月間，特別是在首都馬德里和巴塞隆納每週都有舉行，人們可以在電視上看實況轉播，期間不論是新聞媒體或報紙都在評論各場鬥牛的優劣以及鬥牛士的表現。雖說這十幾年來鬥牛已不像足球那樣令人瘋狂著迷，但是鬥牛這項代表西班牙民族精神與傳統文化的表演，仍受到人民的支持與重視。鬥牛季節著名的鬥牛士會在重要的鬥牛場表演，像是我們剛提到的隆達鬥牛場（Plaza de Toros de Ronda）和首都馬德里的拉斯班塔斯（Las Ventas）鬥牛場。不過這些表演的主角都是鬥牛士和他的助手，只有在潘普隆納（Pamplona）的「聖費明節」（San Fermín），參加節慶的人與六條公牛轉瞬間成了慶典的主角。

潘普隆納（Pamplona）是納瓦拉省（Navarra）的首府，聖費明節起源於西元 1591 年。一開始只是單純的宗教節日活動，紀念該城市的守護神聖費明（San Fermín de Amiens），後來潘普隆納鎮的居民用這種特殊的奔牛活動來慶祝聖費明節。不過爲什麼會讓人牛同時在狹窄的街道上奔跑呢？據說當時趕集，想要讓一群牛從城外的牛棚趕入城內的鬥牛場並不是一件容易的事，而且牛隻也不會乖乖聽話順著城裡狹窄的街道往前走。因此有人就想了一個大膽的方法，跑到公牛的前面並激怒牠們，引誘牛群向前奔跑追趕，最後衝進鬥牛場。這就是後來奔牛節，也就是聖費明節（Los sanfermines）一詞的由來。

每年 7 月 6 日每年至 7 月 14 日在潘普隆納（Pamplona）舉行的奔牛節都會吸引上萬觀光客前來參加，勇敢喜愛冒險的人依規定穿著白色衣衫長褲，紅色腰帶，雙手高舉著紅色的聖費明圍巾（pañuelo），聚集在市政府大廳（Ayuntamiento）前的廣場上，開始奔跑時紅色圍巾扎在脖子上，手裡可以拿著捲起的報紙，這捲起的報紙是唯一的武器拿來驅趕牛，但仍要小心，有人曾拿報紙拍打奔跑中的牛尾部，結果公牛來個回馬槍，回頭去頂後面奔跑追趕的人。7 月 7 日中午 12 點市長點燃沖天炮（chupinazo），宣布聖費明節開始，在場民眾高喊聖費明萬歲（Viva San Fermín），唱著《Uno de enero, dos de febrero, tres de marzo, cuatro de abril, cinco de mayo, seis de junio, siete de julio, San Fermín》（重複）《A Pamplona hemos de ir, con una media, con una media, a Pamplona hemos de ir, con una media y un calcetín》。六頭公牛隨即放出來，奔牛活動（Los encierros）開始。整條奔跑路線大約 820 公尺，群眾和牛一路奔向鬥牛場，不過這條路線從頭到尾也並非完全筆直，在艾思達菲塔街角（la curva de la Estafeta）就是一個近九十度的大轉彎，往往這裡會出現人牛轉向時滑倒，互相推擠在一起的景象。奔跑的路程雖然只有三分鐘左右，卻充滿了刺激危險，每年被牛刺傷甚至重傷而死的人時有所聞。奔跑過程中若累了或是覺得有危險可以隨時躲進街道旁預先搭設的牆板後，或者爬上柵欄避免被牛角頂到。這一天沒有參與奔牛活動的人也可以站在圍起的柵欄後屏息觀看，感受那生死一瞬間，令人血脈賁張的勇敢行爲。當天街上的住家也會出租陽台讓觀光客可以站在上面清楚觀賞奔牛的情景，彼此滿了荷包，飽了眼福，可謂賓主盡歡。最終，等所有的公牛進入鬥牛場後會再點燃沖天炮（cohete），這樣奔牛的活動就結束了。

節慶的最後一晚，7 月 14 日午夜，大家聚集在廣場，手拿著點燃的蠟燭，伴隨鼓樂聲，唱著「可憐的我」（Pobre de mí）：《San Fermín tiene la culpa, de que seamos borrachos, por eso los de Navarra a San Fermín adoramos》。這宛如燭光晚會的守夜爲整個聖費明節慶典畫下句點。

十六、聖地牙哥節慶《La Festividad de Santiago》（7月25日）朝聖之路《La peregrinación》

每年 7 月 25 日是聖地牙哥逝世紀念日。聖地牙哥是耶穌門徒雅各的西班牙文名字。朝聖者會在這一天完成朝聖之路參加慶典。慶典間冠蓋雲集，許多達官貴人，政商界名人齊聚在大教堂，參加此一盛典。聖地牙哥大教堂（Santiago de Compostela）內的大香爐從中世紀開始就有，目的是爲了掩蓋朝聖者翻山越嶺、長途跋涉後身體的體臭。大香爐在大教堂裡像大鐘擺那樣由一端最高點盪到另一端。大香爐 50 公斤重，用八條麻繩繫著，由八位神職人員在一端使勁拉好讓香爐盪起來，那場景頗震撼。香爐擺盪間，裊裊香煙迴旋於大教堂內。

一千多年來，朝聖者的朝聖之路西起法國的松波特山口翻越庇里牛斯山，能翻越此嶺，一首古老朝聖詩中提到，將在天堂贏得一席之地。向西行直到西北部的聖地牙哥（Santiago），全長約 840 公里。當西班牙還是羅馬帝國的一個省時，這條原本是提供給羅馬士兵的道路，之後才成爲朝聖之路。若你有機會像許許多的朝聖者在人生中走那麼一次朝聖之路（Camino de Santiago），沿途經過的小鎮、河川、橋樑，美景盡收眼底，還有那令人讚嘆百年的大小教堂、古蹟，除了是一趟宗教心靈之旅，也是值得一走的文化之行。

(一) 朝聖之路有好幾條熱門的路線，列舉如下：

1. 法國之路（Camino Francés）：全長 764km，是最熱門的一條路線，[Saint Jean Pied de Port → Santiago de Compostela]。
2. 北方之路（Camino del Norte）又稱拿破崙之路：全長 800km，[San Sebastián → Santiago de Compostela]。
3. 英國之路（Camino Inglés）：全長 100-300km，[Lisboa / Porto → Santiago de Compostela]。
4. 葡萄牙之路（Camino Portugués）：全長 121.6+33.6km，[Ferrol / A Coruña → Santiago de Compostela]。
5. 銀之路（Ruta de la Plata）又稱南方之路：全長 1000km，[Sevilla → Santigago de Compostela]。
6. 拉蒲之路（Le Puy）：全長 764km，全程都在法國，[Le Puy de Velay → St Jean Pied de Port]。
7. 世界盡頭之路（Camino de Finisterre）：全長 141km，[Santiago de Compostela → Finisterre]。

(二) 朝聖之路上可遇見的著名教堂與城市，我們介紹如下：

1. 聖多明哥大教堂（La Catedral de Santo Domingo de la Calzada）

聖多明哥大教堂是位在西班牙拉里歐哈自治區的一座主教堂。教堂修建於 1537 年至 1540 年期間，是一座文藝復興式建築。

中世紀朝聖者踏上這一條通往聖地牙哥的朝聖之路，十字架、水，麵包是不可或缺的物品。一路上翻山越嶺，充滿驚險，可能會遇到強盜、妓女、黑心的旅店客棧老闆。在聖多明哥教堂就曾經發生過這樣的傳說故事。一位年輕的朝聖者投宿旅店，一個女僕想誘惑這位年輕人。但是年輕人不為所動，於是她在他的包包裡偷偷放了一個銀製的酒杯，然後去向警察告發。警察在年輕人身上找到了酒杯，於是將這個年輕人吊死。他的父母傷心地準備離開，忽然間聽到年輕人喊著：我還活著，就在聖多明哥的墓旁。這對父母向法官報告，但法官卻回答說：你們的孩子就像是盤子上的烤雞，不可能活過來了。這時候突然間盤子上的烤雞飛了起來，年輕人從絞刑架上放了下來，法官被吊了上去。從此大教堂裡養著一隻公雞和一隻母雞。

2. 布爾戈斯大教堂（La Catedral de Burgos）

布爾戈斯大教堂是西班牙唯一單獨被聯合國教育科學及文化組織（UNESCO = Organización de las Naciones Unidas para la Educación, la Ciencia y la Cultura）列為世界遺產（Patrimonio mundial）。她是一個哥德式風格的教堂。一面的兩座高聳尖塔很像小說鐘樓怪人裡描述的法國聖母院的兩座鐘樓，尖塔有如直上雲霄，雄偉矗立的造型，更令人讚嘆。

3. 雷翁大教堂（La Catedral de León）

雷翁大教堂建立於 13 世紀，受法國風影響的哥德式建築。教堂內部可見到極優美的彩繪窗。

4. 阿斯托加（Catedral de Astorga）

阿斯托加大教堂建於1471年，建築風格融合了新古典主義、巴洛克和文藝復興之風，前後歷經三個世紀才完工。

5. 聖地亞哥・得・孔波斯特拉（Santiago de Compostela）

Santiago de Compostela 西班牙語的意思是「繁星原野的聖地牙哥」。Santiago 是西班牙加里西亞（Galicia）自治區的首府，也是朝聖之路的終點。聖地牙哥大教堂建立於1748年，裡面供奉著耶穌的門徒雅各。12世紀左右傳說他曾告訴西班牙人他將幫助其打贏摩爾人，後來果眞實現，人們相信這是神蹟的降臨，推崇他爲西班牙的守護聖人，而朝聖者爲見證這一神蹟，開始千里迢迢，不辭辛勞前來朝聖，瞻仰雅各聖殿。大教堂融合了羅馬風格和巴洛克風格。7月25日是雅各逝世紀念日，這天後來成爲聖地牙哥城市的節慶日。

6. 聖佩拉約修道院（Monasterio de San Pelayo de Antealtares）

由阿方索二世修士建造，其目的是爲看管聖雅各的遺跡。1499年被修改成爲一座女修道院。

7. 菲尼斯特雷（Finisterre）

距離聖地亞哥城約90公里，朝聖者完成朝聖之路後，這個小鎭被稱爲「世界的盡頭」的小鎭，這裡有一處的地形是岬角，在此立著一個燈塔（Faro de Fininterre），標誌著0.00km的朝聖的最終目的。在這兒人們眺望大西洋，傍晚近黃昏看著金黃色的太陽沒入大海裡。也難怪在中世紀人們不知道地球是圓的時候，認爲這裡是世界盡頭。

朝聖之路的起源是耶穌的十二個門徒之一雅各，在西元42年被刺殺殉道之後，雅各的弟子偷偷將他的遺體運上船，送到伊比利半島聖地牙哥（Santiago）這個地方下葬。西元813年，天空出現了一道異常的星光，天主教會認爲這是來自天上的訊息，於是派人朝著出現星光的方向去尋找。後來找到了聖雅各的遺體。他們將他重新安置在聖地牙哥大教堂（La Catedral de Santiago de Compostela）內。不過，眞正讓後來的人們願意踏上這一條從法國南邊出發的朝聖之路，是因爲在西元 844 年，天主教國王夢到了聖雅各宣告：「他將幫助天主教徒打贏戰爭」。雅各的預言奇蹟似地實現了，因爲基督教軍隊確實扭轉了頹勢，打贏了摩爾人。天主教徒都認爲這是聖雅各顯靈。這也是爲什麼人們後來願意長途跋涉，走到聖地牙哥大教堂見證神跡的降臨。

如果你想走朝聖之路的同時也獲得證明，那麼朝聖者的護照就是這整趟旅途必須申請的文件。有了朝聖者的護照，當你踏上朝聖之路，你也可以獲得價格較便宜的庇護所入住，通常是用帳篷搭起來的臨時居住所，小旅館，教堂等等。最後抵達聖地牙哥大教堂，也必須要有這張朝聖者護照來領取「星野證書」。

根據規定申請星野證書的條件：步行者至少走完 100 公里，騎腳踏車者 200 公里。也因此法國之路上距離聖地牙哥終點 110 公里的小鎮薩莉亞（Sarria）就變得非常的熱門。因爲朝聖者會湧入這個小鎮，替它帶來許多商機。

踏上朝聖之路，每天你都會遇到來自世界各國不同背景的朝聖者。每個人會走這一條路都有各自的原因和需求。中古世紀的朝聖者主要的三個朝聖地點：耶路撒冷、羅馬和聖地牙哥。據說走完朝聖之路，領到星野證書後可以赦免朝聖者在世一半的罪過。今天走在朝聖之路上的人並非只有天主教徒，基督徒而已。現今願意走上朝聖之路的，也許是因爲人生遇到的瓶頸，希望透過這條宗教之旅，找到心靈的啓發；有的可能當作健行，透過長途步行來磨練自己的意志。但是朝聖之路的初衷是要求朝聖者走在這條路上，與上帝講話，做心靈的溝通。那些旅途中過往的美景，樸實的小鎭、田園，熱鬧吵雜的大都市、工業區只算這趟人生旅途中的感官體驗。

十七、聖母瑪利亞升天《Asunción de la Virgen》（8月15日）

這是一個基督教的慶典。慶祝聖母瑪利亞升天。在西班牙的大多數城鎮中，會有幾天的假期。街上有露天狂歡舞會，舞蹈，兒童遊戲等。

聖母升天根據天主教信理，還有東正教，東方正統教會和聖公會，是一個有關聖母瑪利亞的神學觀點，這個神學觀點相信耶穌的母親瑪利亞，在結束今世生活之後，靈魂和肉身一同被升到天堂。

十八、西班牙國慶日《Día de Hispanidad》（10月12日）

10 月 12 日是西班牙的國慶日。在這一天也慶祝我們的聖母畢拉（Nuestra Señora del Pilar），是一個聖母瑪利亞宗教節日。國慶日代表了天主教國王（Los Reyes Católicos）派遣克里斯多福．哥倫布（Cristóbal Colón）出航並於 1492 年 10 月 12 日發現美洲新大陸。

聖母畢拉的宗教節慶與西班牙的國慶日無關。但是，正是西班牙把聖母畢拉這一天作為宗教節慶，所以放假，不用工作和上學。

十九、諸聖節《Fiesta de Todos los Santos》（11月1日）

這是一個基督徒假期。是對所有死者的追思，在天堂與上帝同在。那天，人們到墓園獻花並為死者祈禱，希望他們升天堂。

西班牙諸聖節與台灣清明節兩者沒關係，它也與美國萬聖節無關。4 月 4 日的清明節我們沒有偽裝成鬼魅或死者嚇人，或像萬聖節要糖果。我們只祭拜祖先，掃墓。

諸聖節，又稱諸聖日、萬聖節，是天主教、基督教和東正教都有的節日。諸聖節在每年的 11 月 1 日，是聖靈降臨節（Pentecostés）之後的第一個星期日，因而標誌著復活節的結束。

二十、憲法日《Día de la Constitución》（12月6日）

在西班牙，憲法日是國定假日。它於 12 月 6 日慶祝，並受 11 月 30 日第 2964/1983 號皇家法令的管理。慶祝 1978 年的公民投票，在此次投票裡西班牙人民以多數票通過了目前的憲法。於同年 12 月 29 日在《官方政府公報》上發布，並於發布之日生效。12 月 6 日，國家行政體系，國防部和教育中心慶祝各種紀念活動。

二十一、聖母（始胎）無染原罪《La Inmaculada Concepción》（12月8日）

聖母（始胎）無染原罪是基督教節慶，慶祝聖母瑪利亞懷孕沒有罪。那天沒有上班或上課。基督徒會去彌撒。

聖母無染原罪是 1854 年頒布的天主教教條，認為聖母瑪利亞從其受孕之初就因兒子耶穌基督的功績而擺脫了原罪。兩千多年來傳統基督教秉持此一看法。

二十二、平安夜《Noche Buena》（12月24日）

平安夜是在 12 月 24 日晚上慶祝耶穌的誕生。家人團聚在一起共進晚餐，像是我們的圍爐，品嚐許多聖誕節才有的甜點。也唱聖誕歌，信徒們去看那隻在午夜時分的公雞。通常人們慶祝平安夜到天亮，與家人和朋友一起唱歌，吃飯和喝飲料。桌上的菜餚有貝類

（mariscos）、魚、肉；吃的應景甜食有果仁糖（turrón）、杏仁糕糖（mazapán）和奶油糖酥餅（polvorones）。

牧羊人或公雞彌撒（Misa de gallo o de los pastores）這是聖誕節前晚，也就是 12 月 24 日平安夜（Nochebuena）晚上 12 點，即聖誕節當天開始的。多數的歷史學家指出，傳統上聖誕節的起源是對耶穌誕生的宗教紀念，教皇席克斯圖斯三世（Papa Sixto III）在西元 5 世紀確立了在聖殿中慶祝夜間守夜彌撒的習俗，慶祝 Mesías（彌賽亞誕辰）的午夜，在 ad galli cantus（公雞的歌）中，開始新的一天（聖誕節）。ad galli cantus 是指新的一天開始，按照古代羅馬的傳統，它是從公雞啼叫聲中，午夜開始的。

二十三、聖誕節《Navidad o Natividad del Señor》（12月25日）

聖誕節 12 月 25 日是慶祝耶穌誕生的活動。由於前晚人們慶祝狂歡到很晚，第二天也很晚才醒來。在這些節慶裡，有一些假期從 12 月 22 日至 1 月 8 日左右。在這些日子裡，人們與不同的家庭和朋友，一起吃飯或用晚餐，並吃了許多典型的聖誕節甜點，例如牛軋糖，奶油糖酥餅，杏仁餅，巧克力等等。

聖誕節同復活節和五旬節（聖靈降臨節）一樣是基督教最重要的慶祝活動之一。爲紀念耶穌在白冷城（Belén）誕辰而舉行的莊嚴儀式。天主教會，英國國教，一些新教徒社區和大多數東正教教會於 12 月 25 日舉行慶祝活動。東正教教堂，正式名稱爲東正教使徒天主教堂，是一個基督教的信仰，其本源傳統上可以追溯到耶穌和十二位門徒，而其門徒傳承從未間斷。它是僅次於天主教教堂的世界第二大基督教。東正教教堂與基督教東正教，基督教分開。

然而，其他東正教教會在1月7日舉行慶祝活動，例如俄羅斯東正教或耶路撒冷東正教，它們不接受對儒略曆的改革後採用「格雷戈里奧」曆法，該曆法是從其改革者格雷戈里奧十三世（papa Gregorio XIII）衍生而來的。12月25日是許多國家／地區的假期，全球數百萬人，包括許多非基督徒都在慶祝這一假期。

英語系國家的人使用Christmas（聖誕節）一詞，其含義是Christo（基督）的misa（彌撒）。在某些日耳曼語系，例如德語，該聚會被稱爲Weihnachten，意爲「祝福之夜」。顧名思義，聖誕節假期的提議是爲了慶祝Natividad（誕生）即耶穌在Nazaret（拿撒勒）誕生。

聖誕節開始於聖誕節期間，以主的洗禮莊嚴結束。通俗地說，從聖誕節開始到主顯節（Epifanía）結束的時期也被稱爲復活節。

西班牙的主顯節是美國等國家的聖誕節，聖誕老公公的故事，駕著馴鹿，背著聖誕禮物從煙囪下來，在西班牙是在1月6日這一天。人們稱之爲主顯節是爲了紀念及慶祝主耶穌誕生。耶穌降生爲人後，東方三賢士（Los Reyes Magos）前來朝拜耶穌。他們的名字分別是Gaspar、Melchor、Baltasar。聖誕禮物是這三位賢士或稱爲國王他們帶來的。西班牙的傳統慶祝方式是1月5日那天晚睡覺前，小朋友、家人將想要的聖誕禮物寫在一張紙上，塞進一支鞋子，然後把它放到客廳。隔天早上醒來，小朋友就會發現客廳堆滿了他們想要的禮物。作者曾與西班牙朋友度過這樣的主顯節（或聖誕節），朋友的姐姐想要一部車子，後來他們的父母1月6日放了一把二手車的鑰匙在客廳。那天早上作者應邀裝扮成國王Melchor，到當地的幼兒園發聖誕禮物和小朋友拍照。說眞的，孩子的赤子之心眞把我當聖誕老人，也相信是我們帶給他們禮物。不過，若過去這一年，父母認爲孩子表現不好，雖然也給聖誕禮物，卻是一塊煤炭。裡面深藏的意思是希望來年要表現好一點。

二十四、愚人節《Santos Inocentes》（12月28日）

最初是 12 月 28 日的基督教節日，是爲了紀念希律王屠殺無辜的小孩。根據馬太福音（El Evangelio de Mateo）猶太大希律王害怕耶穌（Jesús）的誕生會推翻他的政權，下令殺死白冷城（Belén）所有的孩子。節慶的初衷後來改變了，12 月 28 日這天人們開始開玩笑（broma），與教會原本的節日內涵無關，且和大家熟知的 4 月 1 日愚人節不一樣。4 月 1 日這一天在西班牙並不盛行，比較相似且廣爲人知的是 12 月 28 日的愚人節（Día de los Santos Inocentes），這一天是大家認可接受相互開玩笑，且不可以生氣的。有時在電視和報紙上會登出假消息，是有趣的一天。

二十五、新年除夕《Noche Vieja》（12月31日）

除夕夜是等待新年的到來。信徒們去參加彌撒，就像聖誕節前夕一樣，慶祝晚於平安夜。人們通常與家人在一起，或聚在朋友的家，或者去廣場慶祝年末一起喊倒數。在馬德里的廣場，他們直播太陽門時鐘的倒數計時。享用一頓豐盛的晚餐後，每個在太陽門旁或小鎮或城鎮廣場的大鐘前相聚的人，一邊吃著 12 顆葡萄一邊倒數，每倒數一秒吃一顆葡萄。然後他們一起通宵狂歡直到天亮。

二十六、新年《Año Nuevo》（1月1日）

在西班牙的新年裡，它仍然是聖誕假期，人們繼續放假，同家人團聚和朋友見面，享用美食和共度歡樂時光。

西班牙的聖誕節開始於 12 月 22 日，這一天也是彩券開獎日（el

día de la lotería）是充滿了想像的一天，因爲幾乎所有的西班牙人都會買彩券，挑選一個號碼，然後迫不及待地等待開獎。頭獎西班牙語稱爲 gordo，是聖誕節開出最大的彩券。

參考書目

一、中文參考書目

西班牙知性之旅Discovery 17，協合國際媒體股份有限公司，2001。

龔如森，*西班牙文化概論*，冠唐國際圖書，台北市，1999。

二、西文參考書目

Alatorre A., Los 1001 años de la lengua española, México, El Colegio de México, 1991.

Alberto Miranda J., *La formación de palabras en español*, Salamanca, Ediciones Colegio de España, 1994.

Alvar M. y Pottier B., *Morfología histórica del español*, Madrid, Editorial Gredos, S. A., 1983.

Alvar Ezquerra M., *La formación de palabras en español*, Madrid, Arco/Libros, S. A., 1993.

Cocina Española, Editorial AGATA, 1995, ISBN 84-8238-027-3

Francisco Ugarte, Michael Ugarte & Rathleen McNerney (2002), *España y su civilización*, 5ª edición, McGraw-Hill Higher Education (Los capitulos consultados: España desde sus orígenes hasta la Reconquista, La España Imperial de los siglos XVI y XVII, La España de los Borbones: siglos XVIII y XIX, Desde Alfonso XIII hasta Francisco Franco, La política actual -del franquismo a la democracia-)

Guiarama SEVILLA, Grupo Anaya, 1997, ISBN 84-8165-4444-2

Guiarama BARCELONA y alrededores, Grupo Anaya, 1999, ISBN 84-8165-492-2

Jaime Corpas, *Un paseo por España 1*, Difusión S.L., Barcelona, 2000

Jaime Corpas, *Un paseo por España 2*, Difusión S.L., Barcelona, 2000

Lapesa R., *Historia de la lengua española*, Madrid, Editorial Gredos, S. A., 1988.

Platos Económicos, Editorial AGATA, 1995, ISBN 84-8238-036-2

三、參考網址

https://es.wikipedia.org/wiki/Bandera_de_Espa%C3%B1a#cite_note-6（西班牙國旗）

https://zh.wikipedia.org/wiki/%E8%87%BA%E7%81%A3%E6%95%99%E8%82%B2（台灣教育）

http://redormiga.org/educacion-en-espana（西班牙教育）

http://leespeedu.blogspot.tw/2014/04/blog-post_45.html（西班牙輟學率）

https://technews.tw/2016/07/04/the-truth-of-unemployment-rate-in-spain/（產學斷層才是西班牙 20% 失業率真相）

https://finance.technews.tw/2017/06/10/spain-economy/（昔日歐豬五國西班牙經濟復甦背後的眞相）

https://www.boxun.com/news/gb/pubvp/2017/08/201708290037.shtml（西班牙經濟浴火重生）

https://zh.wikipedia.org/zh/%E8%A5%BF%E7%8F%AD%E7%89%99%E7%BB%8F%E6%B5%8E（西班牙經濟）

https://zh.wikipedia.org/zh/%E9%A9%AC%E5%BE%B7%E9%87%8C%E5%9C%B0%E9%93%81（馬德里地鐵）

https://zh.wikipedia.org/wiki/%E8%A5%BF%E7%8F%AD%E7%89%99%E6%95%99%E8%82%B2（西班牙教育）

https://buzzorange.com/techorange/2015/11/13/managing-by-numbers-zara/（前進 ZARA 總部 ...)

https://zh.wikipedia.org/wiki/%E5%AE%89%E4%B8%9C%E5%B0%BC%C2%B7%E9%AB%98%E8%BF%AA（高第）

https://www.thenewslens.com/article/111282（聖家堂上帝之手）

https://tw.youcard.yahoo.com/cardstack/ee5457e0-0e10-11e7-9839-37f9c24a67dc/%E7%AA%AE%E5%88%B0%E5%88%86%E6%89%8B%E8%A5%BF%E7%8F%AD%E7%89%99%EF%BC%9F%E5%8A%A0%E6%B3%B0%E9%9A%86%E5%B0%BC%E4%BA%9E%E9%81%B8%E6%93%87%E5%90%91%E9%8C%A2%E8%B5%B0（加泰隆尼亞獨立）

http://news.ltn.com.tw/news/world/breakingnews/2210856（加泰隆尼亞獨立公投）

http://news.sohu.com/20040915/n222057516.shtml（西班牙首次公布 311 馬德里爆炸案現場畫面）

https://zh.wikipedia.org/wiki/%E6%AD%BB%E9%9B%A3%E8%80%85%E6%A8%B9%E6%9E%97 (Bosque de recuerdo)

https://zh.wikipedia.org/wiki/%E8%A5%BF%E7%8F%AD%E7%89%99%E6%94%BF%E9%BB%A8%E5%88%97%E8%A1%A8（西班牙政黨列表）

https://tw.news.yahoo.com/%E8%BB%8D%E6%AD%A6-%E8%A5%BF%E7%8F%AD%E7%89%99%E6%96%B0%E6%BD%9B%E8%89%A6%E8%B6%85%E9%87%8D-%E4%B8%8B%E6%BD%9B%E5%BE%8C%E6%B5%AE%E4%B8%8D%E8%B5%B7%E4%BE%86-142514117.html（西班牙新潛艦超重）

http://trad.cn.rfi.fr/20180623-20180623-nico-desk-2-europe-rencontre-franco-espagnole（非法移民）

https://kknews.cc/zh-tw/world/9zqnqe5.html（西班牙禮儀禁忌）

https://www.facebook.com/discoverspain/posts/10159737249075635/（西班牙餐桌禮儀）

http://www.cna.com.tw/news/aopl/201806100225-1.aspx（加泰遊行爭取公投）

http://www.bbc.com/zhongwen/trad/world-41629102（加泰獨立造成的影響）

https://meet.bnext.com.tw/articles/view/42974（再生能源）

https://udn.com/news/story/11316/3169386（歐元崩盤 西首相接受不信任投票）

http://www.dw.com/zh/%E5%8E%86%E5%8F%B2%E6%80%A7%E7%9A%84%E4%B8%80%E5%A4%A9-%E8%A5%BF%E7%8F%AD%E7%89%99%E9%A6%96%E7%9B%B8%E6%8B%89%E9%9C%8D%E4%BC%8A%E8%A2%AB%E8%B5%B6%E4%B8%8B%E5%8F%B0/a-44044679?&zhongwen=simp（西班牙首相下台）

http://www.chinanews.com/hr/2018/06-22/8543766.shtml（華人搶

佔西班牙商圈）

https://buzzorange.com/techorange/2018/06/06/repsol-google-ai-growth/ (Google 進駐西班牙公司）

https://meet.bnext.com.tw/articles/view/42976（西班牙人創業優勢）

http://www.bbc.com/zhongwen/trad/world/2016/06/160610_spain_china_bank_court

http://www.bbc.com/zhongwen/trad/business/2016/05/160523_wanda_spain_investment（中國首富蓋大樓遭西班牙當地人民阻擾）

http://baike.baidu.com/view/36942.htm#4（西班牙鬥牛）

https://es.wikipedia.org/wiki/Pases_del_toreo (Pases del toreo)

https://nataliovaz.wordpress.com/2014/04/12/las-suertes-del-toreo/ (Las suertes del toreo)

https://zh.wikipedia.org/wiki/西班牙國家足球隊#cite_note-1

https://www.youtube.com/watch?time_continue=67&v=0PPPVGumH7Q（聖家堂）

https://www.youtube.com/watch?v=ek5J0tkDIbU（聖家堂）

http://www.bbc.com/ukchina/trad/vert_cul/2016/02/160204_vert_cul_gaudi-unfinished-business（高第的聖家堂）

https://es.wikipedia.org/wiki/SEAT（西班牙國家汽車）

國家圖書館出版品預行編目資料

西班牙文化／王鶴巘著. -- 初版. -- 臺北市：五南圖書出版股份有限公司, 2020.12
面； 公分
ISBN 978-986-522-393-9（平裝）

1.文化史 2.西班牙

746.13 109020628

1YOH

西班牙文化

作　　者— 王鶴巘（5.8）
發 行 人— 楊榮川
總 經 理— 楊士清
總 編 輯— 楊秀麗
副總編輯— 黃文瓊
責任編輯— 吳雨潔
封面設計— 王麗娟
出 版 者— 五南圖書出版股份有限公司
地　　址：106台北市大安區和平東路二段339號4樓
電　　話：(02)2705-5066　傳　真：(02)2706-6100
網　　址：https://www.wunan.com.tw
電子郵件：wunan@wunan.com.tw
劃撥帳號：01068953
戶　　名：五南圖書出版股份有限公司

法律顧問　林勝安律師

出版日期　2020年12月初版一刷
　　　　　2023年 9 月初版二刷
定　　價　新臺幣300元